Lasse Dein „Schwarz-Weiß-Denken" hinter Dir

aber vergiss nie wie es entstand

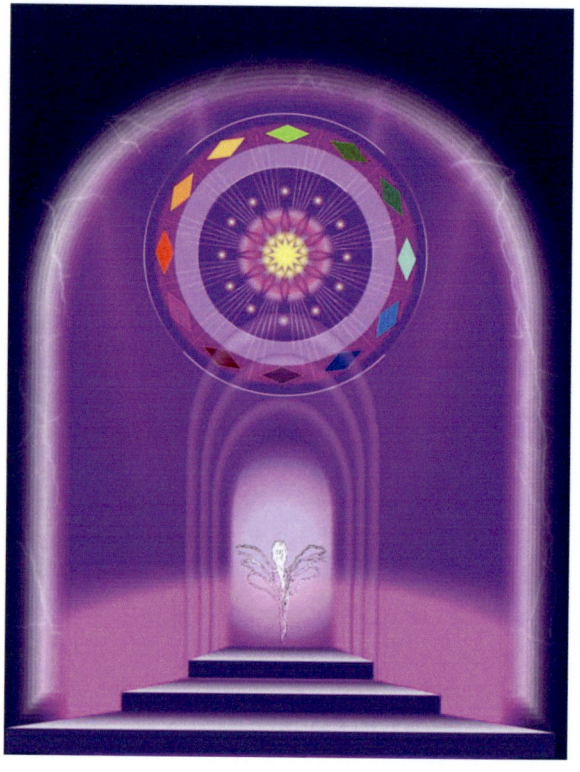

„Neuer Pfad"
Erstellt mit PhotoImpact

Margit Sonntag

Die Farben des Lebens

Ich lernte auf diesem Weg, dass die strukturierte Zielstrebigkeit meiner männlichen Aspekte mir immer mehr verbot, die Gefühlsebene (die weiblichen Aspekte), die tief aus meinem Bauch entstammt, zu leben. Dies kommt daher, dass die Gefühlsebene (Tränen, Trauer, Freude usw.) in der Gesellschaft nicht so sehr anerkannt wird, wie die Zielstrebigkeit, mit der wir auf unsere Ziele zugehen.

Heute lebe ich immer mehr das „Sowohl-als-Auch" statt das „Entweder-Oder". Ich distanziere mich immer mehr von dem Schwarz-Weiß-Denken und lasse die Farben wieder in mein Leben.

Bibliografische Information der Deutschen Nationalbibliothek:

Die Deutsche Nationalbibliothek verzeichnet diese
Publikation in der Deutschen Nationalbibliografie;
detaillierte bibliografische Daten Sind im Internet
über http://dnb.dnb.de abrufbar.

Illustration: Margit Sonntag
Cover und Layout: Margit Sonntag
Korrektur: Natalie Strzelec

Herstellung und Verlag: BoD – Books on Demand,
Norderstedt

ISBN: 978-3-7357-2451-9

INHALT

VITA

Ich bin Margit Sonntag und ich wurde 1966 im Sternzeichen "Widder" geboren. Meine Familie war, wie so viele Menschen dieser Gesellschaft so gestrickt dass sie nur das glaubte, was sie sehen und berühren konnten und was mit dem menschlichen Verstand zu erklären war.

Sehr früh machte ich die Erfahrung dass es den meisten Menschen Angst macht, wenn man von Dingen spricht, die man weder mit der Hand noch mit dem Verstand greifen kann. Ich war allerdings schon seit frühester Kindheit sehr empfänglich für genau dieses "Nicht-Greifbare" und was in mir nicht zu stoppen war ist, dies zum Ausdruck zu bringen. Wenn nicht mit Worten, so musste ich einen anderen Weg finden, diesen Ausdruck eine Form zu geben. Eines Tages fing ich an, völlig gelangweilt vom Unterrichtsstoff des Religionslehrers, ohne zu denken ein Bild in mein Religionsheft zu kritzeln. Es war ein undefinierbares Gebilde, welches mir eine unbeschreibliche innere Ruhe verschaffte.

Von da an malte ich ungehindert dessen dass mein Umfeld im Glauben war, ich könnte nicht malen. Später erarbeitete ich mir einen Zugang zu diesen Bildern, um sie zu verstehen.

Im Alter von 30 Jahren erlernte ich über Meditation neue Wege, um mich von alten Verhaltensmustern zu lösen. Durch die daraus resultierende Veränderung wurde der Fluss meines Lebens automatisch aktiviert.

Meine spirituellen Bilder sind Bilder der inneren Ruhe. Sie entstehen durch die Schwingung zu einem bestimmten Thema, wie z.B. Herzensthemen, Liebe, los lassen von Altem, Vertrauen usw. Die Bilder entstehen an dem Punkt, wo die Themen völlig wertfrei meine Seele berühren und ihre Schwingungen freisetzen.

Während des Malens erforsche ich meine Seelenlandschaft und bin mit meinem inneren Kern im Einklang. Ich lasse völlig los und habe weder Gedanken noch Absichten. So entsteht jedes Bild als Individuum und ohne dass ein Bild dem anderen gleicht.

Eure

M. Sonntag

Gerne können Sie Kontakt zu mir aufnehmen oder mich auf meiner Homepage besuchen.

„Vision"

Acrylfarbe auf Leinwand

E-Mail: xmsonntag@aol.com
www.margits-energiebilder.de

Philosophie
Wenn der Geist frei ist
hat der Horizont keine Grenzen.

PROLOG

Um in den vollen Genuss der „Farben des Lebens" zu kommen müssen wir uns von alten Verhaltensmustern lösen und unser Ego aufgeben. Nicht selten ist es unsere eigene negative Denkweise, die unser Leben in ein völliges Schwarz und Grau taucht. Schon von Kindesbeinen an lernten wir, was gut und was schlecht ist. Wo aber bitte befindet sich die Nulllinie, von der aus wir unsere Messungen machen? Wer hat das Recht vorzugeben, was gut und was schlecht ist?

Sicherlich kennen sie alle die Sätze, „wir meinen es nur gut" oder „wir wollen nur das Beste für dich"! Dies sind zwei weltbekannte Sätze unter deren Vorwand unsere Eltern/Vorbilder ernsthaft glauben beurteilen zu können, was gut und was schlecht für uns ist.
Ich erinnere mich noch gut daran...
Im Alter von 15 Jahren hatte ich zwei Tage nichts gegessen, weil ich so Bauchschmerzen hatte und mir übel war. Weil zwischenzeitlich auch der Kreislauf verrücktspielte wurde ich von Ärzten dazu angehalten endlich etwas zu essen, damit es mir besser gin-

ge. Und weil die Erwachsenen ja immer nur das Beste wollen, folgte ich dieser Anweisung. Was für ein fataler Fehler. Wenige Stunden später lag ich im OP, weil ich kurz dem Durchbruch des Blinddarmes stand. Dies ist ein Beweis dafür, dass unser Körper uns klar und deutlich zeigt, wenn etwas nicht in Ordnung ist. Meine Bauchschmerzen hatte ich zwar erwähnt, aber sie wurden als ein „ich will nicht zur Schule gehen" abgetan.

Auch erinnere ich mich noch daran, wie oft es zu Hause Stress gab, weil ich angeblich wertvolles Papier sinnlos verschwendete. Schon als Kind hatte ich eine besondere Gabe zu malen, jedoch waren es Bilder mit denen meine Eltern nie etwas anfangen konnten. Sie meinten, ich solle das Papier lieber nutzen um etwas Sinnvolles für die Schule zu machen. Sie hinderten mich auch dann noch am Malen, als es mein größter Wunsch war, Kunstmalerin zu werden. Und immer folgte der Satz, „wir wollen nur dein Bestes"! Viele Jahre später fing ich wieder an zu malen und verkaufte sogar meine Bilder. Was bitte war das Beste daran, mich daran zu hindern, mich in meiner Kreativität voll zu entfalten und diese nicht zu fördern?

Es ist kein Wunder, wenn wir in diese Norm gepresst werden, dass wir irgendwann anfangen alles zu bewerten, über alles zu urteilen und uns und unser Umfeld mit „Gut" und „Schlecht" messen. Auch müssen wir so nicht lange warten, um zu sehen, dass die ganze Welt schlecht ist. Zum Werten brauchen wir unsere Sicht nicht auf die inneren Werte zu lenken, weil nur noch das Äußere zählt (laut unserer Erzieher)

Irgendwann war auch ich ein Opfer dieser Norm (-alisierung). Ich habe Tag ein Tag aus gemessen und über jeden geurteilt, der nicht (m)einer Norm entsprach. Ich war Gefangene meiner eigenen Knebel und sah die Welt nur noch in Schwarz und Grau. Ein Weiß (für unschuldig) oder gar Farben gab es für mich schon gar nicht mehr.
Zum Glück fand ich irgendwann den Hebel, den ich umlegte. Ich hörte auf zu urteilen und zu analysieren und suchte stattdessen nach den guten Eigenschaften im Menschen und in allen Ereignissen. Es gelingt mir zwar auch heute noch nicht immer, aber immer öfter.

In diesem Buch beschreibe ich den ein oder anderen sogenannten negativen „Schicksalsschlag" (Situationen, die ich selbst erlebt habe) und wie ich jedem einzelnen auch etwas Positives abgewinnen konnte. Außerdem gehe ich ein wenig auf meine spirituellen Erfahrungen ein und wie diese mich wieder auf den richtigen Weg brachten.

Gedanken und Visionen werden in diesem Buch *Kursiv* dargestellt, um sie von der Realität zu unterscheiden!

Sollte sich irgendwann einmal herausstellen, dass alles was ich glaubte nur Humbug ist, dann ist die positive Seite daran, dass es mir trotzdem half, die „Farben des Lebens" in voller Pracht zu sehen.

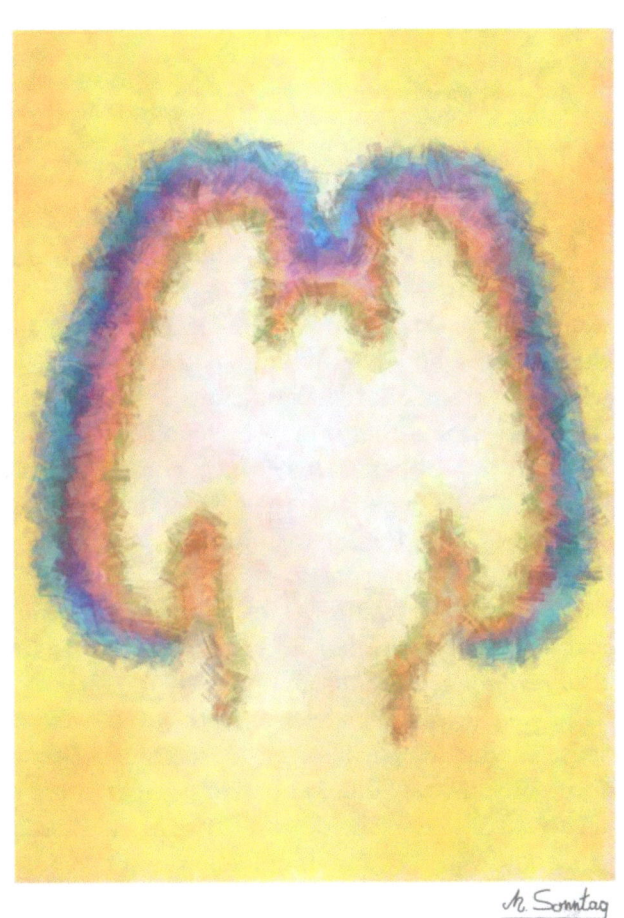

„Engel"

Erstellt mit PhotoImpact

13

WIR SIND WELTMEISTER IM VERURTEILEN

Mein Dasein stand von Anfang an nicht unter einem guten Stern und somit war mein Weg steinig und oft sehr finster, bis ich auf sonderbaren Umwegen, durch die Pforten des Bewusstseins in ein völlig anderes Leben blickte.

Alles begann im späten Winter des Jahres 1966. Ich wurde in eine Arbeiterfamilie, in einer kreisfreien Stadt an der Donau in Bayern, geboren. Im ersten Jahr meines Lebens kämpfte ich monatelang gegen den Tod und dies war es vermutlich, was in mir die Keime eines Kämpfers säte.

Wie vielen Menschen fiel es auch mir sonderbar leicht, allen Situationen im Leben etwas Negatives abzugewinnen. Fast automatisch lenkten sich meine Gedanken in die dunkle Schattenseite des Geschehens. Es war mir nicht bewusst, dass jede Situation auch eine positive Seite hat und dass ich es einzig und alleine bin, die entscheidet welche Seite der Medaille ich sehen will. Ich wollte aufgeben und mir das Leben nehmen ohne dabei erkannt zu haben, dass ich bis zu diesem Zeitpunkt überhaupt nicht versucht hatte zu leben. Alle Energie setzte ich dafür ein, mit dem Leben zu hadern und in meinem Selbstmitleid zu baden. Nicht einmal suchte ich nach dem Lichtschalter, der mein dunkles Dasein erhellt, um mir zu zeigen, was es heißt wirklich zu leben.

Beobachten wir einmal unsere alltägliche Lebenssituation.

Nehmen wir einmal an, wir stolpern über den Läufer in der Diele und dabei geht unsere nagelneue Feinstrumpfhose kaputt. Was ist das erste was wir tun? Sicher wird mich hier der ein oder andere in meiner Aussage bestätigen können, dass wir sofort losschimpfen. Gedanken wie , „muss der doofe Läufer hier liegen" oder aber „so ein Mist, jetzt ist die neue Strumpfhose kaputt", verselbstständigen sich und es kostet uns keine Mühe, sie in einer kaum messbaren Geschwindigkeit durch unseren Kopf ziehen zu lassen. Wer aber sagt sich schon," oh der schöne Läufer, hoffentlich hat er keinen Schaden genommen" oder „gut, dass nur die Strumpfhose kaputt ist und nicht das Bein". Noch besser wäre es, sich bewusst zu machen, dass man mit offenen Augen durchs Leben gehen muss, um möglichst unbeschadet ans Ziel zu kommen. Die meisten Menschen schimpfen in solchen Situationen sofort auf alles und jeden, aber denken nicht einmal daran, wie oberflächlich wir unsere Wege beschreiten!

Ich persönlich gehörte zu den Weltmeistern im „Losschimpfen" und „Schuldzuweisen", bis mich mein Leben eines Tages zwang, die Augen zu öffnen.

DIE WUNDERSAME KRAFT UNSERER GEDANKEN

Wo Licht ist,
hat die Dunkelheit keinen Platz
© by Margit Sonntag

Gedanken sollte man stets kontrollieren, denn sie können sich manifestieren. Mit negativen Gedanken kann man sich unbewusst auch Negatives herbei wünschen. Ich verwendete in den letzten beiden Sätzen absichtlich die Worte könnte/kann, denn ich bin davon überzeugt, dass es nicht zwingend so sein muss. Ebenso halte ich nichts von Schwüren (aus Büchern, Seminaren und Themengruppen) wie etwa, dass jeder Millionär werden kann, wenn er nur das Richtige denkt. Wenn ich schon so akkurat nach den kosmischen Gesetzen lebe, dann darf ich nicht vergessen, dass es immer nur so kommt, wie es gut für einen ist und es darf niemandem schaden. Sicherlich spielen hier noch viele andere Faktoren eine Rolle, ob und wann man durch Gedanken sein Leben verändert. Ich halte auch wenig von Vorschriften mit anhaftenden Drohungen „...da sonst sowieso nichts klappt". Diese Aussage hat meiner Meinung nach etwas sehr Unbehagliches und alles was mit Unbehagen behaftet ist, hat zumindest bei mir noch nie zu einem positiven Ergebnis geführt. Auch sehe ich an übelbefindenden Situationen, ein Zeichen dafür dass, es nicht gut ist. Sicherlich kennen die meisten die Aussage, man soll sich auf sein Bauchgefühl verlassen? Und Unbehagen macht sich bei mir zuerst im Bauch breit.

16

Die Quelle der Kraft ist in uns...

„Mandala"

Erstellt mit PhotoImpact

Trotz alledem gibt es gewisse Regeln, die man anwenden darf. Regeln, die sich gut anfühlen und die die positive Schwingung steigern.

Man muss sich vorstellen es regnet. Der eine geht her und sagt, so ein „Mistwetter", hat deshalb schlechte Laune und hadert mit der ganzen Welt. Dies wäre negatives Denken. Mit Sicherheit hat an solchen Tagen dann noch der beste Freund keine Zeit, oder man vergisst der Schlüssel in der Wohnung und sperrt sich aus. Man zieht das Negative förmlich an.

Ein anderer sagt sich an dieser Stelle, „es regnet", ich nehme ein entspannendes Bad und lese ein schönes Buch. Vielleicht ruft ihn an diesem Tag auch noch ein Freund an und fragt, ob sie einen Kaffee trinken gehen oder er schaut in die Fernsehzeitung und entdeckt, dass ein Film kommt, der ihn sehr interessiert. (Vielleicht hätte er ohne Regen gar nicht in die Zeitung geschaut). Hier wird das Positive herbeigerufen. In beiden Fällen kann die Wirkung eine Kettenreaktion auslösen, wie z.B. beim „Dominoday". Hier greift das Sprichwort, „jeder ist seines Glückes Schmied"! Wir können durch Gedankenkontrolle und bewusstes Wünschen unserem kompletten Leben mehr Qualität geben. Wir müssen es nur wollen und zulassen! Wenn man bei der Gedankenformulierung oder beim Wünschen misstrauisch wird, muss man nicht immer zwingend das Misstrauen beseitigen, (weil es sonst sowieso wieder nicht klappt!). Man sollte zuerst hinterfragen was einen Misstrauisch macht. Denn auch Misstrauen kann ein Zeichen dafür sein, dass es nicht der richtige Weg ist. Wenn ich mir zum Beispiel einen

18

Lottogewinn wünsche, um mir damit meinen Wunsch von einem Waffenlager (oder andere Unsinnige Dinge) zu erfüllen, brauche ich nicht lange zu überlegen, weshalb sich dieser Wunsch nie erfüllen wird. Man muss bedenken, dass nicht bei jedem das Glück über den Materialismus geht.

Hier noch ein paar Denkanstöße, die man beachten sollte

Wichtig ist es zu wissen, wer klein anfängt, erspart sich große Enttäuschungen und Frustration. Wie alle Fähigkeiten, braucht auch das positive Denken und Wünschen eine gewisse Übung.
Selbst der größte Sportler musste mit viel Geduld und Einsatz von klein auf anfangen zu üben, um an den Punkt zu kommen, wo er heute ist. Er hatte lediglich die Fähigkeit in sich z.b. Kunstturner zu werden. Ans Ziel kam er, in dem er mit kleinen und bewussten Übungen anfing und diese immer weiter steigerte. Am Anfang musste er die richtige Atemtechnik lernen, die Glieder zu dehnen, die Muskeln und Kondition aufzubauen usw.. Die Erreichen dieser kleinen Ziele gab ihm so viel Energie, nach und nach auch die schwierigsten Kunststücke problemlos zu erlernen.
Wenn man das beim Wünschen genauso macht, kann man schnell die ersten Ergebnisse verbuchen. Wie man sich diesen Weg gestaltet, ob man viel oder wenig wünscht, welche Ziele man sich zu welchem Zeitpunkt steckt, all das kann jeder für sich selbst entscheiden. Da jeder von uns ein Individuum ist, ist es

auch ganz unterschiedlich wie schnell man mit seinen Übungen und dem Gelingen voranschreitet. Eines ist aber sicher, jeder kann seine Wünsche wahr werden lassen und auch jeder kann mit dem negativen Denken aufhören und somit sein Leben bereichern. Allerdings nur, wenn die Wünsche für ihn und alle Beteiligten richtig und gut sind!

Hier eine Möglichkeit wie so eine Übung aussehen könnte

Sehr schnell erreicht man kleine Ziele, wenn man sich am Anfang einfach täglich ein paar Minuten Zeit nimmt, die einem ganz alleine gehören. Kein Telefon, keine Kinder oder ein Partner, der in diesen Zeitraum eintreten darf und auch sonst keine störenden Faktoren. Man schafft sich zunächst eine Umgebung, in der man sich wohl fühlt. Das kann ein Bad, bei dem man sich von angenehmer Musik begleiten lässt. Vielleicht stellt man noch ein paar Kerzen auf den Wannenrand und füllt eine Duftöllampe mit einem schönen Duft. Bei einem anderen ist es eventuell ein Spaziergang in der freien Natur oder ganz einfach nur der Balkon, an dem man spät abends oder früh morgens die Stille genießen kann. Man sollte jedoch nicht abgelenkt sein, weil man friert oder weil der Weg zu anstrengend ist oder weil uns möglicherweise irgendwelche Geräusche gedanklich abschweifen lassen.
Ist die Umgebung geschaffen, geht man in sich und beobachtet einfach, wie man tief ein- und ausatmet. Ganz bewusst nimmt man die frische Luft, die Musik

oder den Duft in sich auf und spürt, wie man bei jedem Atemzug freier wird. Keine Angst, hat man sich ein gewisses Polster an Übungen angelegt, muss das Ganze nicht mehr täglich und auch nicht mehr so aufwändig durchgeführt werden.

Jetzt geht man gedanklich langsam zu einem Ereignis (aber ein kleines bitte!), das bevorsteht. Vielleicht ist es der Arztbesuch, der schon bei der Anfahrt stresst, weil man nur selten einen Parkplatz bekommt. Man stellt sich diese Situation vor und spielt gedanklich durch, wie man vor dem Ärztehaus ankommt und völlig entspannt in den Parkplatz fährt, der gerade als man ankommt frei wird. Die Freude, die bei der Vorstellung aufkommt, lässt man auf sich wirken. Jetzt fühlt man sich noch in den Satz rein, „wenn ich zum Arzt fahre, bin ich völlig entspannt, denn ich habe einen Parkplatz". Nicht, ich bekomme einen Parkplatz, oder es wird ein Parkplatz frei, sondern ICH HABE EINEN PARKPLATZ! Wenn man sich wünscht, dass ein Parkplatz frei wird oder dass man einen bekommt, wird das auch funktionieren. Nur, wann er frei wird oder wann man ihn bekommt, das können wir nicht auf die Sekunde beeinflussen. Hier ist zwar auch so eine kleine Vorschrift, aber ich will damit verdeutlichen, dass es schon eine Rolle spielt, wie man seinen Wunsch formuliert. Sicher wird der ein oder andere an dieser Stelle lachen. Ich lachte auch, als ich von solchen Übungen zum ersten Mal in Büchern las oder davon hörte. Aber mein Rat ist, gebt euch einfach eine Chance und testet es. Sollte es nicht gleich beim ersten Mal funktionieren, so habt

Geduld und wiederholt diese Übung. Eventuell liegt es daran, dass man den Wunsch nicht richtig formuliert. Mir z.B. hat bei diesen Übungen das Buch, „Wünsch es dir einfach-aber richtig" von dem Bestseller-Autor Pierre Franckh geholfen. Dort werden viele wahre und authentische Geschichten begeisterter Leser, die seine Technik erfolgreich angewandt haben, wiedergegeben. Er zeigt in dem Buch auch auf, wie man Fehler vermeiden kann und zum erfolgreichen „Wünscher" wird.

Wer sich von Anfang an in Geduld übt, der wird schon in kürzester Zeit die ersten erfolgreichen Übungen verbuchen können. Wichtig ist auch, dass man seine Aufmerksamkeit intensiv auf die Umgebung richtet. So wird man vielleicht feststellen, dass sich nach dem gelungenen „Parkplatzwunsch" automatisch noch so einiges verändert. Vermutlich ist die Arzthelferin oder der Arzt viel freundlicher als die Male zuvor. Im besten Falle passieren an diesem Tag noch ein paar schöne Dinge, mit denen man nicht rechnet. Das liegt daran, dass wenn eine Sache gelingt oder gut läuft, man selbst automatisch in eine positivere Schwingung kommt. Diese strahlt man ohne sein Zutun nach außen und überträgt sie somit auf andere.
Bald kann man sich dann auch an größere Wünsche wagen und sein Leben durch positive Gedanken und Wunscherfüllungen bereichern. Durchaus stellt sich nach gewisser Zeit ein Automatismus ein, der das ganze vereinfacht, weil das positive Denken dann

zum Alltag gehört und man nicht erst konzentriert umdenken muss.

Man muss sich einfach mal vor Augen führen, dass sich kein Mensch mit dem normalen Tagesbewusstsein an seine ersten Schritte in diesem Leben erinnert und wie viel Mühe und Übung es brauchte, bis er in der Schule die ersten Wettrennen bestritt. Heute muss man nicht mehr überlegen, welchen Fuß man zuerst bewegt - man tut es einfach!

Sicher kann man sagen „so ein Quatsch", das kann auch alles eintreffen ohne dass ich hier hochkomplizierte Übungen absolviere. Das ist richtig! Dennoch hilft mir diese Praktik ungemein, meine Gedanken zu steuern und von diesen negativen, alles verurteilenden Gedanken weg zukommen, die mir nur schlechte Laune bescheren. Denn leider neige auch ich dazu, an allem zu zweifeln, das meiste negativ zu bewerten und auch ich war Weltmeister im Verurteilen. Ein zusätzlicher positiver Nebeneffekt ist, dass ich durch das Wünschen mit dazu beigetragen habe, dass es sich erfüllt. Dies schafft eine gewisse Zufriedenheit und erleichtert, das „Erfüllte" auch anzunehmen.

Meine abschließenden Worte zu diesem Kapitel sind...

Zum Glück bekommt man nicht immer alles was man denkt, sonst wäre ich heute zwar Millionärin, allerdings sehr Krank (ich hatte immer Angst vor schweren Krankheiten) und ich wäre sehr alleine, trotz meiner vielen Kinder. Ich würde bei den Indianern leben, was ich mir auch heute noch vorstellen könnte. Jedoch würde ich viele Erfahrungen aus meinem jetzigen Leben vermissen. Ich bin froh, diesen Weg gegangen zu sein, denn er machte mich stark, lehrte mich viel und steigerte dadurch meine Lebensqualität enorm.

Ein Lächeln sagt mehr
als tausend Worte...

„Mandala"

Erstellt mit PhotoImpact

MEDITATION IST DER WEG ZUR INNEREN FREIHEIT

Das Wirkungsvollste ist
den göttlichen Funken in sich zu finden
und ihn zu Leben
© by Margit Sonntag

Um meine Gedanken zu beruhigen, meinen Geist vom stressigen Alltag zu befreien, um offene Fragen in meiner gegenwärtigen Situation beantwortet zu bekommen und um mich innerlich zu sammeln habe ich für mich die Meditation gefunden. Es war ein wenig Übung und Geduld gefragt, um mich darauf einlassen zu können. Heute gibt es zwei Formen der Mediation, die für mich stimmig sind. Ich nenne sie mal „freie Meditation" und „gesteuerte Meditation" (auch Fantasiereise genannt).

Meine gesteuerte Meditation ist eigentlich keine Meditation im herkömmlichen Sinne. Es ist eher eine Mischung aus Meditation und Fantasiereise.

Von einer Meditation spricht man dann, wenn man gegenwärtig im Hier und Jetzt, stiller Zeuge und Beobachter ist und in keiner Weise das Geschehene bewertet. Wenn man die Gedanken zur Ruhe kommen lässt und einfach da ist, ohne ein Ziel oder eine Aufgabe zu verfolgen. Man versucht in dieser Phase ausschließlich die Aufmerksamkeit auf den Alltag zu lenken. Man nimmt sich in der absoluten Stille die Zeit fürs "Nichts-Tun" und „Nichts-Denken", um dadurch mit der Intuition und eigenen Kreativität in Kontakt zu treten.

Da ich mir bei der „gesteuerten Meditation" zu Anfang eine Frage zu einer bestimmten Lebenssituation
bereit lege und mich dann gezielt gedanklich auf den
Weg mache, breche ich die Regel kein Ziel und keine
Aufgabe zu verfolgen. Nach einer gewissen Zeit lasse
ich meine Gedanken los und muss nichts mehr tun.
Der Weg wird ganz ohne mein Zutun fortgesetzt und
führt mich meist tief in mein Innerstes zu der Antwort
auf die Frage, die ich zu Anfang gedanklich gestellt
habe.

In erster Linie sollte die Meditation dazu dienen, dass
man einfach nur tief entspannt und Körper, Seele und
Geist in Einklang bringt.
Sie fördert das spirituelle Wachstum, hat eine heil-
same Wirkung auf Seele und Geist und kann uns tiefe
Einblicke in unser Unterbewusstsein gewähren. Dies
bedarf aber wie schon gesagt, einer gewissen Übung.
Obwohl wir mit einer Frage in eine Meditation gehen
können, dürfen wir keine Erwartung haben. Die Enttäuschung bei einer fehlenden oder gar nach unserer
Meinung falschen Antwort könnte sonst sehr hoch
sein und das Ziel einer Entspannung völlig verfehlen.
Gehen wir mit einer Frage in eine Meditation und
kommen ohne Antwort zurück, dann ist es einfach
noch nicht an der Zeit die Antwort zu erhalten. Wir
dürfen eine Antwort nicht erzwingen, denn dann
blockieren wir uns! Vielleicht ist vor dieser Antwort ja
noch etwas anderes für uns wichtig und wir sollten
die Frage deshalb ein wenig zurück stellen und zu

einem späteren Zeitpunkt erneut versuchen, ein Antwort zu bekommen.

Ich persönlich mache die freie Meditation sehr gerne wenn ich gar nicht weiß, was mit mir los ist oder ich einfach nur entspannen will.

Die geführte Meditation ist sehr hilfreich für mich, wenn ich ein Problem habe und nicht weiß, wie ich es lösen kann. Oder aber auch dann, wenn ich mich mit einer Aufgabe immer nur im Kreis drehe. Sehr gut geeignet ist diese Form auch, wenn einem ein wenig Vertrauen fehlt, eine Aufgabe zu meistern.
Jede dieser zwei Formen setzt voraus, dass man sich eine gemütliche Atmosphäre schafft. Bevorzugt wähle ich eine liegende Position, sanfte Musik, Kerzen und den Duft von Räucherstäbchen. Dies kann aber jeder so gestalten, wie es ihm behagt. Es kann im Freien auf einer Wiese sein oder in einer sitzenden Position in einem Schaukelstuhl oder wie auch immer. Einen falschen Ort/Position gibt es hierbei nicht, außer es ist sehr laut oder andere Störfaktoren würden einen am Entspannen hindern!
Meine zwei Meditationsformen bestehen aus je zwei bzw. drei Phasen.

Die zwei bzw. drei Phasen der Meditation

Phase 1
Am Anfang steht die Konzentrationsphase („Eingangsportal"), die ich immer auf meine Mitte lenke. So erfahre ich was mich bewegt und was mir gerade im Moment wichtig ist. Dies zeigt sich in Form von Bildern oder Fragen, die aus meinem Inneren kommen. Ich versuche dabei ausschließlich auf mein Inneres zu hören und alles, was 30-60 Minuten auf mich warten kann, halte ich von mir fern. Was nicht warten kann, ist nicht wichtig! Ich höre dann kein Telefon, keine Türglocke und auch sonst nichts. Ich höre nur auf mein Innerstes!

Phase 2
Nun kommt der gesteuerte Teil der Meditation („sich auf den Weg machen"). Diese Etappe entfällt bei der freien Meditation.

Phase 3
Dies ist der nicht gesteuerte Teil („das Loslassen").

„Gesteuerte Meditation"

Phase 1: Ich schaffe meine Umgebung so, wie sie mir behagt und lege mich bequem auf eine weiche Unterlage. Ich schließe meine Augen, beobachte meinen Atem und konzentriere mich auf mein Innerstes. Ich gehe in die Stille und tue nichts, außer tief und gleichmäßig zu atmen. Ich befinde mich im Eingangsportal zu meiner Meditation. Wenn meine Atmung ruhig und ausgeglichen ist und meine Aufmerksamkeit nicht mehr benötigt, stelle ich mir bewusst eine Frage oder eine Situation vor (manchmal kommt ein Bild oder eine Frage von ganz alleine), lasse diese eine Zeitlang bei mir verweilen, um sie dann wieder ziehen zu lassen.

Jetzt lenke ich meine Aufmerksamkeit wieder zu meiner Atmung. Wenn diese noch gleichmäßig ist, gehe ich langsam weiter in die nächste Phase.

Phase 2: Diesen Bereich nenne ich gerne „mich auf den Weg machen". Ich stelle mir bewusst Bilder oder Situationen vor, wo ich gerade sein möchte oder was ich gerade tun möchte. Dies kann zum Beispiel auf einer Blumenwiese sein oder ein Pfad, der durch einen Wald führt. Es ist egal was es ist, denn auch hier gibt es kein Falsch!

So gehe ich z.B. gedanklich einen Weg an einem Gebirgsbach entlang. Vielleicht sitze ich aber auch in einem Schaukelstuhl an der Sonne. Je nach dem auf was ich gerade Lust habe. Ich erzwinge und erwarte nichts. Irgendwann verselbständigen sich meine Gedanken und ich gleite über in die nächste Phase.

Phase 3: Hier geht es um das Loslassen. Hierbei gebe ich die „Steuerung" frei und lasse meine Gedanken kommen und gehen. Wenn man genügend Übung hat erlebt man die schönsten Dinge und kommt an Orte, an denen man zuvor nie war. Es ist Erfüllung pur! Wenn ich das Gefühl habe am Ziel zu sein, lenke ich meine Aufmerksamkeit langsam wieder auf meine Atmung und komme allmählich ins Tagesbewusstsein zurück.

Nur selten passiert es mir noch, dass ich bei dieser Form von Mediation nicht irgendetwas in mir lösen kann. Seien es Blockaden, Fragen oder aber auch nur eine tiefe innere Unruhe. Entspannt bin ich danach immer. Aber wie schon gesagt, es bedarf einer gewissen Übung, bis es soweit ist.

„Freie Meditation"

Phase 1: Ich schaffe meine Umgebung so, wie sie mir behagt und lege mich bequem auf eine weiche Unterlage. Ich schließe meine Augen, konzentriere mich auf meinen Atem und gehe mit meiner Aufmerksamkeit in mein Innerstes. Ich gehe in die Stille und tue nichts, außer tief und gleichmäßig zu atmen. Ich befinde mich im Eingangsportal zu meiner Meditation. Ich konzentriere mich solange auf meinen Atem, bis alles um mich herum ganz weit weg ist und mein Geist zur Ruhe gekommen ist. Dann gehe ich langsam in die nächste Phase über.

Phase 2: Diese Phase entfällt bei dieser Meditation!

Phase 3: Hier geht es um das Loslassen. Hierbei lasse ich meine Gedanken kommen und gehen. Wenn man genügend Übung hat, kann man auch bei dieser Form von Meditation unglaublich schöne Dinge erleben, Bilder sehen oder an Orte reisen an denen man zuvor nie war. Diese Bilder kommen aus unserem Inneren, unserem Unbewusstsein. Auch hier gilt, bitte nichts erzwingen! Vielleicht schläft man ja nur ein. Daran würde man erkennen, wie tief entspannend diese Meditation gewirkt hat. Es ist Erfüllung pur!

Wenn ich das Gefühl habe am Ziel zu sein, lenke ich meine Aufmerksamkeit langsam wieder auf meine Atmung und komme allmählich ins Tagesbewusstsein zurück.

Bei dieser Form der Meditation gehe ich völlig ohne Absicht auf ein bestimmtes Ziel in die Stille. Meist tauche ich tief ab und manchmal mache ich sogar Reisen weit zurück in die Vergangenheit oder in die Tiefen meines Unbewusstsein. Da ich an das „vor und nach dem Tod" glaube, spreche ich auch gerne von Reisen in frühere Leben.

Bei beiden Meditationen komme ich nicht selten mit einer unbeschreiblich positiven Energie und einer unermesslichen Kraft ins Hier und Jetzt zurück. Ins Tagesbewusstsein zurückgekehrt, habe ich Geschenke in Form von Antworten, Bildern oder einer tiefen Entspannung bei mir. Es sind Antworten auf Fragen, die ich mir zu Beginn der Meditation stellte oder einfach auf Dinge die mich beschäftigen. Auch bekomme ich in vielen Meditationen neue Sichtweisen von Dingen, die mir eine bestimmte Lebenssituation enorm erleichtern und die mir in der gegenwärtigen Konstellation weiterhelfen.

Voraussetzung, dass es funktioniert ist immer, dass man sich nicht schon mögliche Antworten (Wunschantworten) zu Recht legt, sondern dass man loslässt und nichts erzwingt.

Um die Meditation generell zu erlernen gibt es mehrere Möglichkeiten. Wer mit meinen zwei Formen anfangs nicht zurechtkommt, lässt sich am besten die ersten Male führen. Ich ging z.B. zu einer Gruppe, dies ist aber nicht immer ganz billig. Wer dabei etwas sparen möchte/muss holt sich einfach eine Meditations-CD. Sehr gut geeignet ist dafür die Audio CD „Meditieren für Anfänger". Sie ist schon für unter 10€ zu erhalten und bei Amazon.de kann man sogar rein hören. Auf der CD ist genau beschrieben, wie man vorgehen soll und es sind verschiedene Meditationen drauf.
Probiert es einfach aus und ihr werden sehen, dass auch ihr schon bald innerlich freier seid.

FRAGEZEICHEN BEIM THEMA POSITIVES DENKEN

Man kann dem Leben nicht mehr Tage geben
aber dem Tag mehr Leben
© by Unbekannt

Hier lasse ich euch an meinen Erfahrungen und Meinungen zum Thema „positives Denken und Wünschen" teilhaben. Jeder muss für sich selbst entscheiden, was davon für ihn stimmig ist und was nicht. Vielleicht lösen sich bei einigen ein paar Fragezeichen in Luft auf, bei anderen tut sich möglicherweise gar nichts. Alles ist OK so wie es ist, denn jeder trägt seine eigene Wahrheit in sich!

Man kann durch positives Denken viel bewegen, jedoch kann man damit nicht die ganze Welt verändern. Ebenso kann man sich Dinge herbei wünschen, jedoch kann man niemals Wünsche erzwingen. Zwang, Unbehagen, Angst und ähnliche Dinge passen niemals in ein erfülltes und glückliches Leben! Und weil man sich mit „Wünschen" sein Leben etwas glücklicher gestalten kann, haben diese Faktoren auch bei der Thematik Wunsch und positives Denken keinen Platz.

Mit dieser Erkenntnis ging ich aus einer etwa drei jährigen Gratwanderung, in der ich viele Bücher zum Thema „Positives Denken" und „Wünschen" las. Drei Jahre lang bewegte ich mich auf einem dünnen Seil und schwankte zwischen unermesslicher Euphorie

34

und gigantischer Frustration. Jedes dieser Bücher gab mir zunächst einen Energieschub, der mir kaum Zeit für Pausen zwischen den Aktionen der Umsetzung ließ. Nicht selten wurde diese Phase von einer Desillusionierung (tiefgreifende, negative Erfahrung) abgelöst. In dieser Zeit war ich fast ausschließlich mit meinen Gedanken und Wunschformulierungen beschäftigt. Zum Schluss konnte ich kaum mehr einen klaren Gedanken fassen, ohne stundenlang darüber nachzudenken, ob das jetzt richtig ist oder nicht! Wünsche wurden geformt und hundertmal umformuliert, weil ich ja nichts falsch machen wollte! Vor allem aber hatte ich Angst, eine Vorschrift oder Regel zu vergessen. Was mich zusätzlich verwirrte war, dass ich in einigen Büchern von innerer Freiheit in Verbindung mit positivem Denken und Wünschen las. Gleichzeitig schrieb man dort aber über „Regeln", „Vorschriften", „du musst, sonst wird das nichts" und vieles mehr. Dies ist meiner Meinung nach ein Widerspruch in sich. Also mir ist es nicht gelungen, innere Freiheit und diese Moral und Vorschriften in Einklang zu bringen.

Nicht nur einmal haderte ich mit der ganzen Welt und konnte nicht verstehen, weshalb es manchmal so gut klappt (alles nur Zufall?!, so dachte ich) und dann wieder gar nicht. Obwohl ich mich an alle Regeln und Vorschriften hielt, wollte es einfach nicht funktionieren. Ich formulierte meine Gedanken/Wünsche so oft um, dass am Ende nur noch ein Chaos übrigblieb und ich gar nicht mehr wusste, was mein Ziel am Anfang war. Irgendwann fing ich an, dass Ganze zu hinterfragen und kam zu folgendem Entschluss.

Meine Gedanken und Wünsche fühlten sich damals zum einen nicht mehr gut an und waren zum anderen gar nicht mehr meine. Es waren Reflexionen, die sich so formten, wie andere glaubten, dass sie sein müssten und wie ich es den Texten der Bücher entnahm. Es war nicht mehr meins, sondern das der Anderen! Gegründet auf Moral beschäftigten sie mich Tag ein Tag aus, ohne dem Ziel etwas näher zu kommen. Ich erinnere mich noch gut an einen Satz, den ich immer wieder einmal las, „du wirst, was du denkst". Und genau dies war das einzige, das sich kontinuierlich verstärkte. Ich wurde ganz langsam genauso chaotisch, wie meine Gedanken. Ich konnte mich nicht mehr einordnen und wusste an manchen Tagen, nicht mehr was gut und was schlecht ist.

Irgendwann machte es „Klick", als würde ein Schalter in meinem Kopf umgelegt und die Weichen in Richtung Solar Plexus gestellt. Wenn ich werde, was ich Denke, dann werde ich auf alle Fälle chaotisch und bodenlos! Denn meine Gedanken sind mein Spiegelbild und zeigen mir tagtäglich, wo das alles endet. Es fiel mir wie Schuppen von den Augen. Wenn ich nicht mehr weiß, was gut und was schlecht für mich ist, wie soll ich dann klar und deutlich Gedanken und Wünsche formulieren können? Dies musste sich ändern und zwar sofort!

Das geht allerdings nicht nach Anleitung aus einem Buch, sondern indem ich in mich gehe und mich wieder auf mein Gefühl verlasse. Das, was ich in den

Büchern lese, kann ich gut als Anregung verwenden und mir daraus Kraft und Mut ziehen. Wenn ich noch ganz am Anfang der „Lebensgestaltung" stehe, kann ich diese Beispiele aus den Büchern auch gerne zum Üben verwenden. Sobald ich jedoch ich ein wenig Sicherheit erzielt habe, darf ich mir erlauben meine Gedanken und Wünsche selbst zu formen. Dieser Schritt stärkt eine weitere Fähigkeit in uns. Wir können damit das „Loslassen" trainieren. Und zwar das „Loslassen" von dem, was andere uns vorgeben. Wenn die Menschheit auch dazu neigt, schwierige Entscheidungen am liebsten abzugeben und sie von anderen treffen zu lassen, müssen wir es an dieser Stelle selbst tun! Kein noch so gebildeter Mensch kann fühlen, was wir brauchen und was gut oder schlecht für uns ist.

Jeder kann in Büchern seine eigenen Erfahrungen niederschreiben, um sie mit der Menschheit zu teilen. Er kann die Gesellschaft eventuell auch dazu bewegen, ein wenig umzudenken. Doch niemand kann eine Anleitung über Denken und Fühlen schreiben, die auf jeden zutrifft. Sicher kann man sich in Büchern selbst wieder finden – das ist mir nicht nur einmal passiert. Jeder von uns hat sicherlich schon einmal die Erfahrung gemacht, dass er etwas liest und feststellt, dass es bei ihm genauso war oder ist. Dies gründet sicherlich auf der Tatsache, dass der ein oder andere eine ähnliche Erfahrung in seinem Leben gemacht hat. Zum anderen ist es so, dass wir Menschen bei der Geburt im Normalfall, ausgenommen vom Geschlecht, gleich ausgestattet sind. Wir sind wie

Rohdiamanten, die geformt und poliert werden müssen um in vollem Glanz zu erstrahlen. Durch unser Umfeld werden wir dann zu dem, was wir heute sind. Später können wir dies bedingt beeinflussen und verändern. Man muss sich das in etwa so vorstellen. Ein Unternehmen baut viele Rohbauten, die sich gleichen wie ein Ei dem anderen. Dann werden die Objekte an Interessenten abgegeben und jeder stellt sein Traumhaus fertig. Der eine verkleidet sein Haus vielleicht mit Dämmung und Holz, der andere hängt Blechtafeln mit entsprechender Dämmung davor und der dritte klebt Dämmplatten auf und verputzt sein Haus. Die Häuser sehen dann sehr unterschiedlich aus, jedoch haben alle Besitzer eine isolierende Funktion mit ihrem Tun erreicht. Genauso verhält es sich bei der Innenausstattung und Gartengestaltung. Am Ende stehen völlig unterschiedliche Objekte da. Wie lange so ein Objekt hält, hängt einzig und alleine von der Pflege ab. Eines haben sie allerdings gemeinsam. Sie bieten Schutz, Wärme, Geborgenheit, Sicherheit und noch vieles mehr. Ein paar wenige Ausnahmen kann es geben. Bei ihnen ist irgendetwas schief gelaufen, was man eventuell mit einer Reparatur wieder in den Griff bekommt.

Nicht selten erscheinen diese Objekte nach einer Restaurierung als die wertvollsten und schönsten in der ganzen Reihe!

Alleine der Gedanke, „ich darf wieder eigenständig denken", fühlte sich schon gut an. Ich fühlte mich, als hätte ich soeben Panzerketten, die meinen Körper umwickelten, mit dem banalen Gedanken „dies muss ich ändern", gesprengt.

Ich eignete mir in Bezug auf positives Denken und Wünschen meine eigene Methode an und fing an, mich innerlich wirklich frei zu fühlen. Manchmal funktioniert es und manchmal nicht, aber meine Gedanken werden immer klarer und ich fühle die Dinge immer intensiver. Auch erfüllen sich manche Wünsche ganz anders, als ich sie mir vorgestellt habe, aber es geht mir gut damit. Wenn sich ein Wunsch gar nicht erfüllt, so kann ich ganz gut annehmen, dass es nicht das Richtige für mich ist.
Selbst wenn so mancher an dieser Stelle sagt, das ist nur eine billige Ausrede, damit werde entschuldigt dass man doch nicht alles erreichen kann, werde ich nicht widersprechen (jeder hat seine eigene Wahrheit!). Mich persönlich bringt die Tatsache, dass es nicht das richtige für mich ist, wesentlich weiter, als wenn ich ewig mit unerfüllten Wünschen hadere und mir damit den Weg nach vorne versperre.

Ob bei meinen Wunscherfüllungen meine eigenen Gedanken uns Wunschformulierungen eine Rolle gespielt haben oder nicht, werde ich wohl nie zu hundert Prozent sicher stellen können. (Ich kann es aber auch nicht ausschließen.) Jedoch der Glaube daran lässt mich wachsen und Wachstum ist das Wichtigste!

MEDITATION- FRAGE NACH MEINER AUFGABE

Jeder trägt die Antwort in sich
Man muss sie nur hören!
© by Margit Sonntag

Auf die Frage, woher ich komme und was meine Aufgabe auf Erden ist, bekam ich in der Meditation folgende Antwort...

Mein Sternenname ist Swantana. Meine Geschichte beginnt schon lange vor dem Moment, an dem ich den ersten Atemzug auf irdischem Boden machte. Ich will inkarnieren und mich erst einmal selbst in meinem Sein stören lassen. So kann ich nachempfinden, wie sich Menschen mit solcher Struktur fühlen, was sie empfinden und was sie brauchen. Dann will ich wieder zu mir finden, um Gleichgesinnten beistehen zu können und um ihnen zu helfen, den richtigen Weg erneut zu finden.

Lange Zeit konnte ich mit diesen Aussagen nichts anfangen...

Ich könnte verstehen, wenn hier der ein oder andere sagen würde, alles Humbug - die ist doch völlig abgedreht. Früher habe ich auch so gedacht und schon wieder sind wir beim Urteilen.
Es gibt keine Beweise dafür, dass es ein Leben nach oder vor dem Tod gibt. Wo aber ist das Gegenteil

40

bewiesen? Und wenn es einem doch hilft, das eigene Schicksal leichter zu ertragen, was ist dann falsch daran zu glauben?

Ich jedenfalls glaube daran, weil es mich mein eigenes Schicksal, das nicht unbedingt im Rosengarten spielte, leichter ertragen lässt. Zum anderen bin ich davon überzeugt, dass alles einen positiven Grund/Sinn hat. Auch wenn wir diesen oft nicht sehen können.

Zum anderen kann ich mir seit der Meditation einen Kindheitswunsch erklären, der bis dahin immer ein Rätsel für mich war. Während andere Kinder mit Puppen und Polizeiautos spielten und davon sprachen, dass sie Pilot oder Tierarzt werden wollten, kreisten meine Gedanken um ein unerklärliches Bedürfnis.

Mein größter Wunsch in frühester Kindheit war es, mich später einmal Kindern/Menschen anzunehmen, die in ihrer Entwicklung gestört wurden. Ich war mir damals nur noch nicht bewusst darüber, in welcher Form mein Annehmen stattfinden sollte.

Im Erwachsenenalter dachte ich oft über diesen Wunsch nach und überlegte, wie ein Kind auf so etwas kommt. Im Alter von 6-8 Jahren weiß man ja noch gar nicht, was „gestört sein" bedeutet. Man kann ja noch nicht mal abschätzen, wenn im eigenen Leben etwas schief läuft, was nicht in Ordnung ist.

Nach dieser Meditation aber war mir klar, dass es eine schwache Erinnerung an eine sehr alte Zeit gewesen sein muss.

Für mich müssen Kinder nicht immer klein sein (wobei es alles schon vereinfachen würde!). Es können auch vom Alter her Erwachsene sein, die noch irgendwo tief in sich verborgen einen Funken der kindlichen Unbefangenheit tragen und sich erinnern wollen!

Die einzige, für mich stimmige Erklärung, die ich für meinen Sternennamen im Internet fand, sind folgende.

Helfende Hände, spröde Finger: "**Swantana**„ Fürsorge für geistig behinderte Kinder.
(Geistige Behinderung setze ich auch damit gleich, wenn jemand an seiner geistigen Entwicklung gehindert wird/wurde).

Für mich ist das alles sehr stimmig und deshalb auch gültig!

ALLES, WAS MAN SICH WÜNSCHT, KANN MAN ERREI-
CHEN

Forme Deine Wünsche in Worte
und sie werden sich manifestieren
© by Margit Sonntag

Sicher war jeder schon einmal in Situationen, in denen nichts gelingen wollte und eine richtige Pechsträhne ausbrach.

Als ich in so einer Situation, am Ende meiner Kräfte, den Anruf einer Freundin bekam war ich zunächst überrascht. Wir hatten längere Zeit keinen Kontakt und ich fragte mich, weshalb sie gerade jetzt anruft. Auch ich dachte in letzter Zeit öfter daran, wenn es mir wieder besser ginge, dass ich sie dann einmal anrufen werde. Wäre ja auch doof einen Freund/in anzurufen, wenn es einem schlecht geht, um sich ein wenig seelischen Beistand zu holen, oder? Leider denken wir oft so und dies erschwert es uns dann häufig, aus einem Loch aufzustehen. Wir wollen niemandem zur Last fallen und auch nicht ständig jammern. Dass wir mit diesen Fehlentscheidungen unserer eigenen Situation nicht selten zusätzlich schaden, erkennen wir erst wenn wir schon längst wieder auf den Beinen stehen.

Wir telefonierten sehr lange an diesem Tag, obwohl mir gar nicht nach reden war. Sie erzählte mir, dass sie mal wieder in einem Loch saß und man ihr dann ein Buch empfohlen hat, welches sie unbedingt lesen sollte. Sie hatte sich das Buch sofort besorgt, gelesen und wollte mir jetzt erzählen, wie das Buch ihr Leben positiv verändert hat. Das Buch heißt „Bestellungen beim Universum" und ist ein Handbuch zur Wunscherfüllung. Es zeigt auf humorvolle Art, wie man sich einen Traumjob, eine Traumwohnung oder den Traumpartner herbei denken kann. Man kann sich die Wünsche sozusagen beim Universum bestellen. Erst war ich dem ganzen gegenüber sehr skeptisch und ertappte mich erneut, wie ich meine eigene gegenwärtige Situation wieder nur negativ sah. Heimlich notierte ich mir dennoch während des Telefonates den Titel des Buches. Irgendetwas tief in mir sagte, es habe einen Grund, warum mich meine Freundin genau jetzt in dieser Situation anrief und von einem Buch erzählte, welches sie aus einem Loch geholt hat.

Kurz bevor wir uns verabschiedeten sagte ich ihr noch, dass auch ich gerade wieder in einem Loch sitzen würde, weil mein Antrag auf Umschulung (ich konnte nach einem Arbeitsunfall nicht mehr im Maschinenbau arbeiten) zum wiederholten Male abgelehnt wurde. Man wollte mich in Rente schicken und das mit 38 Jahren! Und dass ich auch sonst bei der Jobsuche kein Glück hätte. Es lief im wahrsten Sinne des Wortes alles den Bach runter. Und dass ich einfach nur unglücklich bin und mich das ständige herum sitzen zu Hause mürbe macht. Das Geld für große Unternehmungen als Arbeitslose sei sehr knapp und ich dadurch ein wenig Perspektive verlieren würde. Sie empfahl mir, das Buch zu lesen. Eigentlich wollte ich in dieser Zeit weder telefonieren noch sonst mit jemandem über meinen Zustand reden. Heute würde ich sogar sagen, ich wollte damals nur in meinem Selbstmitleid baden.

Nachdem ich den Hörer aufgelegt hatte, fragte ich mich, weshalb sie mich genau jetzt anrief und nicht zu einem Zeitpunkt, an dem ich in besserer Gemütsverfassung sei. Gleichzeitig fiel mein Blick auf den Zettel, auf dem ich mir den Buchtitel notiert hatte. Obwohl ich die Antwort, weshalb sie gerade jetzt anrief direkt vor Augen hatte, fing ich erst einmal an, mir tausend Gedanken darüber zu machen, warum es sich nicht lohnt Geld für das Buch auszugeben. Mir war bewusst, dass ein Buch mir weder meinen Wunsch zur Umschulung erfüllen würde, noch das es mir einen Job geben könnte.

Da es wieder so ein fader Abend war, an dem das TV-Programm nichts brachte, was die Stimmung ein wenig anhob, setzte ich mich an den PC um ein wenig im Internet zu surfen. Zuerst durchsuchte ich die Stellenangebote, fand aber nichts Neues. Dann surfte ich durch die Sozialen Netzwerke und schließlich landete mein Blick wieder auf dem Stück Papier, auf dem ich den Buchtitel notiert hatte. Ich suchte im Netz nach dem Buch, las mir die Beschreibung durch und bestellte es. Drei Tage später hielt ich es in der Hand.

Ich hatte schon einmal gehört, dass man Wünsche wahr werden lassen kann, aber in dieser Situation wollte es mir nicht gelingen, daran zu glauben. Ich wusste auch, dass es reale Wünsche sein müssen und dass sie niemandem schaden dürfen. Würde man sich z.B. eine Million wünschen, um damit auf Drogentour zu gehen und somit der schmerzhaften Realität zu entfliehen, würde sich dieser Wunsch nie erfüllen. Dagegen aber könnte man sich eine Million wünschen, um damit ein soziales Projekt zu starten. So kann es gut sein, dass einem ein Gewinn oder ein Erbe ins Haus steht, mit dem man dieses Vorhaben umsetzen könnte. Voraussetzung ist, dass es im göttlichen Plan steht und keiner dadurch zu Schaden kommt. Soweit konnte ich an solche Dinge glauben, jedoch nicht, wenn es meine eigene Situation betrifft.

Denn bekannter weise passiert so etwas ja nur den anderen!

Ich selbst habe es nie versucht, denn bei mir hätte es sowieso nie geklappt. Ich würde auf solche Techniken nur zurück greifen, wenn es mir schlecht geht und zudem nicht wirklich daran glauben und gerade dann geht sowieso alles schief.

Und genau um dieses Thema handelte es sich in dem Buch. Es ging um Wünsche, wie man Wünsche formuliert und sie ans Universum abgibt und wie man sich bei den kosmischen Helfern bedankt (ganz wichtig). Einmal angefangen zu lesen, konnte ich das Buch kaum mehr aus der Hand legen. Und schon bald ertappte ich mich, wie ich kleine Tests machte. So wünschte ich mir z.B. bei der nächsten Fahrt zum Arbeitsamt, dass ich schnell einen Parkplatz finden würde und das die immer schlecht gelaunte Sachbearbeiterin heute nicht ganz so schlecht gelaunt ist.

Jetzt ratet einmal was passierte? Ich fuhr auf das Gelände vom Arbeitsamt, als mich die dumpfe Hupe eines eingeparkten Autos aus meinen Gedanken riss. Zuerst wusste ich nicht, was ich falsch gemacht hatte und wollte gerade loslegen zu schimpfen (urteilen), entschied mich dann aber doch, ruhig zu bleiben und erst mal abzuwarten was der passiert. Dann rollte das

Auto langsam aus der Parklücke und fuhr vor mir davon. Der Fahrer hat sich für mein Warten noch freundlich mit Handzeichen bedankt. Plötzlich schossen mir meine Wünsche in den Kopf und ich sagte laut vor mich hin „na geht doch"! Als ich nur wenige Minuten später am Empfang stand, teilte mir die freundliche Mitarbeiterin mit, dass meine Sachbearbeiterin leider erkrankt sei und ich zu der Vertretung müsse. Auch die Vertretung war mehr als freundlich und ich hatte an diesem Tag schon einmal zwei positive Erfahrungen mit dem Buch gemacht. Sicher kann man hier sagen, wenn ich das Buch nicht gelesen hätte, wäre es auch nicht anders gekommen. Aber ich hatte eben darin gelesen und diese beiden Begebenheiten waren nicht die einzigen, die ich bewusst wahrnahm seitdem ich in dem Buch las. Selbst wenn es nicht an dem Buch gelegen hat (was ich bis heute nicht glaube!), so hat es mir doch geholfen, aufmerksamer durch die Welt zu laufen und die positiven Dinge wieder zu sehen.

Als ich wieder zu Hause war, kochte ich mir einen Kaffee, schnappte das Buch und machte es mir auf dem Sofa bequem. Voller Spannung las ich Seite um Seite und spürte, wie sich in mir etwas veränderte. Es ging mir irgendwie besser, als noch Tage zuvor und ich konnte sogar so etwas wie Mut und Hoffnung spüren. Das erste Mal seit langer Zeit! Am selben Abend gestaltete ich meine Umgebung noch ein wenig gemütlicher. Zuerst ging ich Duschen um mir den Alltagsstress vom Körper zu waschen. Dann zündete ich ein paar Kerzen und Räucherstäbchen an und legte leise Musik von Enya in die Anlage. Im Anschluss machte ich es mir auf dem Sofa bequem und bat meine kosmischen Helfer darum, sie mögen doch dafür sorgen, dass ich entweder Arbeit bekomme, die mir einigermaßen Spaß macht oder doch noch zu einer Umschulung komme. Ich sagte ihnen auch, dass ich alles an die Helfer abgebe und sie sollen es so kommen lassen, wie es für mich richtig ist. Oder aber sie sollen mir deutlich zeigen, wie mein Weg weiter geht und wo er mich hinführt. Ich bat ausdrücklich noch einmal darum, dass sie sich bitte ganz viel Mühe geben sollen, weil diese Antworten für mich so wichtig wären. Danach bedankte ich mich noch bei ihnen und fiel in einen tiefen Schlaf. Ich wollte es völlig abgeben, weil mich dieses Thema in den vergangenen Wochen einfach zu viel Kraft gekostet hatte.

Als ich wach wurde ärgerte ich mich zuerst, weil ich die Antwort nicht abgewartet hatte. An dieser Stelle muss ich zugeben, dass Geduld nicht unbedingt meine Stärke ist. Ich tröstete mich aber mit der Erkenntnis, dass ich es komplett nach oben abgeben wollte und ich eigentlich schon dazu neige, mir Wunschantworten und Wunschbilder herbei zu denken. In diesem Moment war ich mir sicher, dass es meine Helfer waren, die mich in diesen Schlaf haben sinken lassen, damit ich die völlige Abgabe nach oben nicht durch meine Gedanken störe. Ich dachte nicht mehr lange darüber nach und ließ das Thema einfach im Raum stehen.

In den folgenden Tagen achtete ich ganz genau darauf, ob ich irgendwo meine Antwort finden würde. Ich las Stellenangebote aufmerksamer als sonst, leider aber erfolglos. Dann war ich aufmerksamer in Gesprächen mit meiner Familie, Freunden und Nachbarn, immer in der Hoffnung sie würden mir etwas sagen, was mir einen Hinweis auf eine mögliche Antwort geben könnte. Leider wurde auch in dieser Hinsicht mein Wunsch nicht erfüllt. Nach ca. drei Wochen, in denen ich wesentlich bewusster durch den Alltag ging, stampfte ich dann wütend mit dem Fuß auf meinen Wohnzimmerboden und sagte so vor mich hin, „dann mache ich halt diese Wunschzeremonie noch einmal und bleibe im Anschluss wach". Dieses Vorhaben verschob ich von einem auf den anderen Tag und bald ging ich meinem Tagestrott wieder nach, ohne an das Buch und meine Wünsche zu denken.

Etwa fünf Wochen nach dieser Meditation ging mein Telefon und ich befand mich Sekunden später in einem sehr intensiven Gespräch mit einer Mitarbeiterin meiner Rentenversicherung. Was sie mir sagte, zog mir fast den Boden unter den Füssen weg. Bei der Rentenversicherung lag seit knapp drei Jahren ein Antrag auf Umschulung, der mir immer und immer wieder abgelehnt wurde. Ich könnte angeblich aus gesundheitlichen Gründen nicht mehr voll im Berufsleben stehen. Ich Widersprach jeder Ablehnung formlos (ich glaube fünf Mal insgesamt), weil ich von dem Verfahren einfach keine Ahnung hatte, jedoch die Frist nicht verstreichen lassen wollte. Ein Antrag auf Rechtsbeistand wurde mir sowohl vom Arbeitsamt, als auch von einer Beratungsstelle (für Frauen zur Wiedereingliederung ins Berufsleben) abgelehnt. Sie begründeten dies damit, dass wir keine Chance hätten, wenn das Sozialgericht so einen Antrag schon einmal abgelehnt hat. Ich dachte mir, mit einem formlosen Widerspruch kam ich wenigstens meiner Pflicht nach und meine Hoffnungen könnte ich somit auch ein wenig aufrecht erhalten. Zwischenzeitlich lag mir auch schon ein Gerichtstermin vor, in dem man mir persönlich sagen wollte, dass ich die Umschulung nicht bekäme.

Die nette Dame am Telefon meinte, dass sie eine Teamsitzung hatten. Hierbei erklärte der vorsitzende Richter, ich sei so stur und wolle diese Chance unbedingt. Weil ich so lange durchhalte wolle man es einmal wagen, mir die Umschulung zu genehmigen.

Ist das nicht unglaublich? Da hält jemand knapp drei Jahre durch, kennt jede Antwort auf seinen Widerspruch schon im Voraus, gibt selbst dann nicht auf, als er vom Arbeitsamt und der Beratungsstelle aufgegeben wird und bringt dann die Geduld für fünf Wochen nicht auf. Unfassbar, aber so war ich!

Schon am darauffolgenden Tag musste ich zur Rentenstelle und saß der freundlichen Mitarbeiterin vom Telefonat gegenüber. Ziemlich unbürokratisch konnte sie noch am selben Tag per Telefon und Fax regeln, dass ich bereits in der darauffolgenden Woche zu einem Berufsfindungskurs fahren konnte. Der Kurs dauerte vier Wochen, in denen ich verschiedene Berufe austesten konnte. Nach diesen vier Wochen stand fest, dass ich Bauzeichnerin werde und mit der Ausbildung bereits vier Wochen später beginnen kann. Auf dem Heimweg bedankte ich mich noch bei meinen geistigen Helfern und sagte ihnen, dass sie das auch hätten gleich sagen können.

Mittlerweilen arbeite ich seit fast fünf Jahren in meinem neu erlernten Beruf und kann nichts erkennen, was mich aus gesundheitlichen Gründen an diesem Beruf hindern würde. Das einzige, was mich im Leben noch etwas hindert ist, dass ich mich mehr in Geduld üben muss und dass ich einfach noch mehr vertrauen muss.

Das Buch las ich übrigens ein paar Jahre später noch einmal und habe dabei erst begriffen, dass man Wünsche genau formulieren muss. Also wenn man etwas schnell wissen möchte, soll man das bitte auch sagen. Seit dem muss ich nicht mehr ganz so lange auf meine losgeschickten Wünsche warten.

Rettete ein Schutzengel meine Zwillingsschwester?

D as Schicksal stellt uns immer mal wieder vor Aufgaben, die es zu bewältigen gilt. Dass diese jedoch so heftig kommen mussten, konnte ich kaum begreifen.

Zuerst verstarb meine Mutter plötzlich und unerwartet, danach mein Lieblingsonkel und seine Mutter, dann eine Freundin meiner Mutter, dann folgte ein Bekannter/Freund nach dem anderen (ich glaube es waren insgesamt fünf Bekannte/Freunde in kürzester Zeit) und zu guter Letzt verstarb auch noch mein Vater. Die ganzen Todesfälle passierten in einem Zeitraum von gut vier Jahren. Da mein Vater stark pflegebedürftig war, kümmerte sich meine Zwillingsschwester nach Mutters Tod und bis zu seinem Tod um ihn.

Ich konnte mich kaum von diesen schrecklichen Ereignissen erholen, da kam meine Zwillingsschwester vom Arzt nach Hause und sagte mir, sie sei unheilbar krank. Sie habe eine Muskelschwäche/-lähmung (Myasthenia gravis) die kaum erforscht ist. Eigentlich ging sie nur einmal hin, weil sie sich ein wenig müde und schlapp fühlte. Sie dachte es läge an der anstrengenden Zeit, die sie zuletzt mit unserem Vater und seiner Pflege verbrachte. Es folgten viele Untersuchungen und weitere Diagnosen wie Tumore, Blutzucker uvm.

Erneut wurde mein Gemüt durch diese Nachrichten aufs Äußerste gereizt. In jener Zeit litt ich sogar unter Angstzuständen, wenn das Telefon läutete. Ich hatte regelrecht Angst davor, etwas Schlimmes zu erfahren. Ich merkte auch von Tag zu Tag mehr, wie ich mich immer mehr verschloss, weil ich nichts mehr erfahren und vor allem nicht mehr an mich heran lassen wollte. Dann kam der Tag, der mich wach rüttelte und der mir wieder Hoffnung und Mut spendete.

Es war im Februar 2010. Draußen war es kalt und es hörte seit Tagen nicht auf zu schneien. Im Dorf wurden die Schneeberge bereits mit LKW abtransportiert, weil man nicht mehr wusste, wohin mit der weißen, kalten Masse. Ich war schon früh morgens wach geworden und hatte frei. Irgendwie fühlte ich mich innerlich sehr getrieben, ich war unruhig und konnte mich kaum ruhig halten. Ich kochte mir einen Kaffee und schaute mir die Nachrichten im Fernseher an. Danach überlegte ich, was ich tun könnte. Ich hatte das Gefühl, etwas tun zu müssen, aber unentschlossen. Zum Schreiben und Malen fehlte mir die Ruhe, im Haushalt war alles auf getan und auf irgendwelche geistarmen Gespräche im Internet hatte ich keine Lust. Es war ein unerträglicher Zustand und ich konnte mich selbst nicht leiden. Erklären konnte ich mir das Ganze allerdings nicht.

Plötzlich kam mir die Idee, dass ich Schneeräumen könnte. Dabei könnte ich mich ein wenig abreagieren und meinen inneren Frieden wieder herstellen. So ging ich ohne lange zu überlegen ins Schlafzimmer, zog meinen Schneeanzug an, stülpte mir Mütze, Schal und Handschuhe über und war schon auf dem Weg nach unten. Vor der Haustüre sah ich, dass es jede Menge war, die da über Nacht vom Himmel gefallen war. Zuerst suchte ich mir einen geeigneten Platz, wo ich den Schnee abladen konnte und dies war gar nicht einfach bei den Bergen, die überall ums Haus und an der Straße lagen. Ich entschied, den Schnee über einen vorhandenen Berg hinweg, direkt in unseren Vorgarten zu schmeißen. Da auch dort der Platz bald eng wurde, kam mir die Idee den Schnee zu einem großen Schneemann zu formen, um somit etwas Platz zu gewinnen. Da ich alleine war, musste ich mir eine Technik einfallen lassen, denn ich hätte die einzelnen Kugeln wegen ihres Gewichtes nicht stapeln können. Die Luft tat mir gut und die Spannung wich so allmählich aus meinem Körper. Ich erinnerte mich an Kindheitstage, wo wir oft mit Schnee Burgen und Figuren bauten oder uns einfach nur darin wälzten. Auch erinnerte ich mich noch daran, dass wir um Höhlen bauen zu können, immer Eimer verwendet haben, um so den Schnee wie Blöcke aufeinander zu stapeln. Diese Technik wollte ich auch für meinen Schneemann anwenden. So würde ich schnell eine größere Höhe und den Umfang erreichen und die Feinarbeit, wie Kopf und Gesicht wollte ich am Ende mit den Händen herausarbeiten. Schnell war etwa die Hälfte meiner gewünschten Höhe erreicht. Ich schaute mir das Gebilde aus der Ferne an und stellte fest, dass es so gar nichts von einem Schneemann hatte. Ich umkreiste das Objekt ein paar Mal um es von allen Seiten zu betrachten. Irgendwie sah es aus, wie die untere Hälfte einer Frau, die ein Kleid trug. Rasch änderte ich meinen Plan und baute an der „Schneefrau" weiter. Ich baute mit einem Eifer, als müsse ich gerade eine ganz wichtige Aufgabe erledigen. Sicher war es wichtig, mein inneres Gleichgewicht wieder zu finden und etwas zur Ruhe zu kommen. Das Gefühl der Wichtigkeit war jedoch viel stärker. So als müsse ich etwas wirklich Lebensnotwendiges erledigen.

Ich hatte zu diesem Zeitpunkt schon etwa zwei Stunden an meinem Kunstwerk gearbeitet, als meine Gedanken zu meiner Schwester schweiften. Fast hätte ich im Eifer vergessen, dass sie im Krankenhaus liegt und das dritte Mal innerhalb kürzester Zeit an Tumoren operiert wird. Die Geschwülste wuchsen schneller nach, als man schauen konnte. Es war noch zu früh, um mich in der Klinik nach ihr zu erkundigen. Allerdings wusste ich auch nicht, zu welcher Zeit sie operiert wird. Ich beschloss noch etwa zwei Stunden zu bauen und dann mal in der Klinik anzurufen.

Etwa um 10:30 Uhr vormittags standen die groben Umrisse meiner Schneefrau und ich konnte an die Feinarbeit gehen. Ich holte mir erst eine Tasse heißen Kaffee um das Gebilde erneut mit Abstand zu begutachten. Ganz schön groß war sie geworden und doch hatte ich irgendwie das Gefühl, als würde mir eine Schneefrau nicht reichen. Ich gebe an dieser Stelle zu, dass ich während meiner kreativen Arbeitsphasen nur selten zufrieden bin und immer den besonderen Kick brauche. So schien es auch diesmal zu sein. Ohne lange darüber nachzudenken, ging ich in die Garage, holte zwei Holzlatten und montierte sie der Frau auf den Rücken. Ich kann bis heute nicht sagen, wie ich auf diese Idee kam. Es war, als würden meine Hände von jemand anderen geführt. Wie von Sinnen bedeckte ich die Latten mit Schnee und formte daraus Flügel.

Es war gegen Mittag, als meine Gedanken erneut zu meiner Zwillingsschwester wanderten. Da ich innerlich wieder so unruhig wurde, war es für mich an der Zeit in der Klinik anzurufen, um mich nach ihr zu erkundigen. Als man mir am Telefon sagte, dass sie noch nicht aus dem OP zurück sei und ich später nochmal anrufen sollte, ging ich erneut an die Arbeit. Zwischenzeitlich nahm mein Kunstwerk richtige Formen an und es war nicht mehr zu übersehen, dass es ein Engel war. Mit äußerster Geduld arbeitete ich den Kopf, die Haare und das Gesicht aus. Zwischenzeitlich blieben schon die ersten Nachbarn am Zaun stehen und bewunderten mein Meisterstück. Eine Nachbarin sagte dann so nebenbei, dass es aufhören sollte zu schneien und etwas wärmer werden sollte. Ich sah meinen Engel in Gefahr und kam auf die Idee ihn leicht mit Wasser zu besprühen, damit er vereist und eine längere Lebensdauer hat. So holte ich mir eine Sprühflasche und einen Eimer mit warmem Wasser. Schicht für Schicht besprühte ich mein Kunstwerk und überzog es somit mit einer ganz dünnen Eisschicht. Als er von oben bis unten in Eis gehüllt war, ging ich erneut ans Telefon. Leider sagte man mir auch diesmal, dass meine Schwester noch nicht aus dem OP zurück sei. Als nächstes wollte ich kaltes Wasser verwenden, um die schon entstandene Schicht nicht wieder zu schmelzen. Langsam zog ich Schicht für Schicht über den Engel und ging zwischendurch immer mal wieder ans Telefon, jedoch immer erfolglos. Nach etwa zehn Stunden stand mein Engel, glänzend als wäre er in Glas gehüllt, in unserem Vorgarten.

Jetzt wollte ich einen letzten Anruf wagen und sollte der wieder erfolglos sein, nahm ich mir vor, mich ins Auto zu setzen und in die Klinik zu fahren. Als mir die Schwester am anderen Ende sagte, sie sei noch nicht aus dem OP zurück, wurde ich etwas ungehalten. Ich fragte sie, ob es normal sei, dass ein Patient vom Sonnenaufgang bis Sonnenuntergang im OP ist, ohne dass die Station erfährt, was los ist? Sie bemerkte meinen Unmut und versprach mir sich zu erkundigen und ich solle in zehn Minuten noch einmal anrufen. Zehn Minuten später war man ganz freundlich am Telefon und verband mich sofort mit der Intensivstation. Dort erklärte man mir, dass es keinen Sinn macht in die Klinik zu kommen, da meine Schwester ohne Bewusstsein war und dass ich mich am nächsten Morgen noch einmal melden sollte. Sie sei in guten Händen sagte man mir noch, bevor sich die Schwester verabschiedete. Mehr wollte und durfte man mir am Telefon nicht sagen.

Ich ging auf den Balkon und wollte erst einmal verarbeiten, was man mir so eben sagte. Mit Tränen in den Augen sah ich auf den Engel, der so greifbar nah war. Und meine Schwester war so weit weg. Leise fragte ich in die Nacht, warum schon wieder ich? Warum nimmt man mir jetzt auch noch das Letzte, was mir von meiner Familie blieb. Ich hatte noch zwei Halbgeschwister, jedoch aus meiner direkten Blutsverwandtschaft gab es nur noch meine Zwillingsschwester, ihren Sohn und mich. Ich schimpfte auf Gott und auf das Leben und schrie schon fast, dass ich auf dieses ungerechte Schicksal keine Lust mehr hätte.

Ich war hin- und hergerissen, obwohl ich eigentlich gar keine andere Wahl hatte, als den nächsten Morgen abzuwarten. So ging ich zurück ins Wohnzimmer, öffnete eine Flasche Rotwein und trank mit meiner Freundin ein Glas. Gedanklich sendete ich ununterbrochen Wünsche an meine geistigen Helfer (auch Engel genannt) und betete, dass meine Schwester es schaffen würde. Bald war ich so erschöpft, dass ich mich auf die Couch legte und einschlief.

Am nächsten Morgen rief ich noch vor dem ersten Kaffee in der Klinik an. Leider gab es keine Veränderung und man sagte mir, man würde mich anrufen, sobald sich etwas verändert. Vorbeikommen sollte ich nicht, weil meine Schwester noch Ruhe brauche und auch nicht ansprechbar sei. Fast stündlich stellte ich mir die Frage, ob es ein Fehler war nicht hinzufahren, aber irgendetwas hielt mich davon ab. Ich glaube ich muss hier nicht beschreiben, dass meine Kraft fast auf den Nullpunkt gesunken war und dass ich nicht fähig war, etwas Aktives zu tun. So blieb mir nur das Beten und Wünschen, dass meine Schwester heim kommt.

Wieder brachte ich einen Tag hinter mich und nahm die unruhige Nacht geduldig an. Am nächsten Morgen wurde ich durch das Telefon geweckt und bin zu Tode erschrocken. Am anderen Ende war eine Krankenschwester, die mir sagte, dass meine Schwester bei Bewusstsein sei und ich kommen könnte. Schnell weckte ich meine Freundin und erzählte ihr die freudige Nachricht. Wir zogen uns an und fuhren sofort los. Dort angekommen, sah ich meine Schwester blass und an Maschinen hängend. Ich kämpfte mit den Tränen, doch das war mir völlig unwichtig, denn sie lebte! Wir konnten nicht viel mit ihr sprechen, weil sie noch sehr schwach war. Die Schwester hielt uns auch an, den Besuch kurz zu halten, weil sie noch viel Ruhe benötigen würde. Nach ca. einer Stunde machten wir uns auf den Weg nach Hause.

Sie lag schon ein paar Tage auf der Intensivstation, als eine Schwester feststellte, dass das die Pumpe an der Drainage nicht mehr funktionierte. Sie drückte ein wenig an den Knöpfen und holte dann einen Techniker. Der prüfte das Gerät und bestätigte, dass das Gerät vollkommen in Ordnung sei. Nach einiger Zeit stellte man fest, dass sich meine Schwester im Schlaf den Schlauch (Drainage), der zwischen Lunge und Brustwand steckte, herausgezogen hatte. Sie sagten ihr, sie müsse sofort in den OP, weil der Schlauch wieder befestigt werden müsste. Die Maschine sollte die Lunge unterstützen sich wieder zu entfalten. Damit die Ausdehnung beschleunigt wird, wird an der Drainage mit einer Pumpe gesaugt, um die überschüssige Luft schneller aus dem Brustkorb zu entfernen.

Es wurde ein Arzt geholt, der sie fragte, wie es ihr gehe und ob sie Luft bekäme. Sie sagte alles sei bestens. Die Ärzte konnten es kaum glauben, aber es war nicht mehr notwendig, die Drainage erneut zu legen. Kurze Zeit später wurde sie ohne Schlauch und Pumpe auf die normale Station verlegt. Dort gab es noch ein paar Untersuchungen, die alle positiv verliefen. Die Ärztin fragte meine Schwester, wann sie sich selbst entlassen würde und sie sagte sofort. Die Ärztin lächelte und sagte, na auf was warten sie noch? Packen sie ihre Koffer, sie dürfen nach Hause.

Wir holten meine Schwester ab und ich war wieder glücklich. Sie erzählte uns, dass ihr während der OP, ca. um 11:00 Uhr, beide Lungenflügel zusammenfielen. Es ist unglaublich, dass dies circa der Zeitpunkt war, an dem mir die Schneefrau zu wenig war und ich geistesgegenwärtig einen Engel daraus machte. Ich habe schon viel darüber gelesen, dass eineiige Zwillinge sehr stark mit einem unsichtbaren Band verbunden sind und oft über sehr weite Entfernungen spüren können, wenn es dem anderen nicht gut geht. Aber was sich in unserem Fall abspielte, ging weit über das bekannte Phänomen hinaus. Ich versuche jetzt auch gar nicht Worte zu finden mit denen ich dieses Ereignis erklären kann. Zum einen würde es dafür keine Worte geben und zum anderen wäre jedes Wort dafür viel zu banal.

Man muss so etwas einfach selbst erleben. Und wieder habe ich in meiner Verzweiflung vergessen, meinen Helfern zu sagen, dass sie meiner Schwester <u>sofort</u> helfen sollen. So wurde meine Geduld wiederholt geschult und ich musste zwei Tage warten.

Noch heute frage ich mich...

War es der Engel, der meine Schwester ins Leben zurück holte?

„Eisengel"
Eiskunst aus Schnee

UNSER BAUCHGEFÜHL BELÜGT UNS NICHT

Folge der Stimme Deines Herzens
und Du bekommst auf alles eine Antwort
© by Margit Sonntag

Seitdem mir das Folgende wiederfahren ist, weiß ich, dass ich mich auf mein Bauchgefühl hundertprozentig verlassen kann. Es hat mir wieder einmal deutlich vor Augen geführt, wie leichtsinnig wir oft genau dieses Bauchgefühl (auch „unsere innere Stimme" genannt) missachten. Des Weiteren durfte ich erkennen, dass unser „geistiger Helfer" (Gott, Engel oder wie auch immer ihr es nennen wollt) mit unsichtbarer Hand immer wieder eingreift, wenn wir falsche Entscheidungen treffen wollen oder unser Gefühl wieder einmal nicht beachten. Auch bin ich mir sicher, dass uns unsere Helfer (von mir auch Schutzengel genannt) nicht strafen, sondern nur Zeichen setzen. So hatte ich mir z. B. bei einem Sturz einmal die Bänder gerissen und musste lange mit Gipsbein herumlaufen. In jener Zeit war ich sehr unglücklich in meinem Beruf (Maschinenbau), wollte aber aus Bequemlichkeit nichts daran ändern. Durch diese Verletzung war ich gezwungen eine Umschulung (zur Bauzeichnerin) zu machen und bin seither glücklich und meist ausgeglichen, was meinen Arbeitsalltag angeht. Aber nun zu dem, was mir wiederfahren ist und was uns noch viel deutlicher zeigt, welche Zeichen und Hilfen wir bekommen…

Irgendwie suchte ich schon lange nach einem Ausgleich zu meinem Arbeitsalltag. Ich war Saisonbedienung in einer Urlaubsregion und hatte meist Spaß in meinem Job. Der Beruf machte es mir möglich, viele Menschen kennenzulernen und nicht selten entstanden auch tiefere Kontakte. Trotz dieser Vorteile war es nicht immer ganz leicht und manchmal auch nervenaufreibend. Gerade an heißen und schwülen Tagen spielten sowohl mein Gemüt, als auch so mancher Gast verrückt. Die Gäste waren so schwer zufrieden zu stellen, was mich in schlechte Laune versetzte. Manchmal war ich mir aber nicht sicher, ob nicht meine schlechte Laune den Gästen Anlass zu ihrer Unzufriedenheit gab, obwohl ich stets bemüht war, freundlich zu bleiben. Sicherlich gibt es Zusammenhänge zwischen dem eigenen Zustand und dem der Menschen, die man gegenüber hat. Vieles läuft auf einer Ebene ab, die sich unserem Tagesbewusstsein entzieht. Gewiss kennt das der ein oder andere. Wenn man selbst nicht so gut drauf ist, zieht man gerne „Negatives" an. Alle um einen herum scheinen an solchen Tagen schlecht gelaunt zu sein und wenn es in der näheren Umgebung noch irgendein „negatives Ereignis" gibt, welches einen Besitzer sucht, ist man häufig dazu bereit es anzunehmen. Man zieht das „Negative" förmlich an! Bei mir kam die Zeit, wo ich fast schon zwanghaft nach einem Ausgleich suchte, um meinen angestauten Frust abzubauen. Es musste etwas sein, was mir Spaß macht, mich gleichzeitig aber auch fordert und mich auspowern lässt.

Es war wieder so ein Tag, an dem die Unzufriedenheit der Gäste unerbittlich an meiner Substanz zog und mich dadurch an die Grenzen meiner Belastbarkeit brachte. Nach Feierabend saß ich mit meinem damaligen Lebensgefährten und ein paar seiner Stammtischbrüder an einen Stammtisch im Nachbarort. Die Gespräche gingen wirr durcheinander und bei dem ein oder anderen war die Zunge schon zu schwer, um noch klare Worte zu formen. Ein Musikkollege meines Partners, der an jenem Abend ebenfalls anwesend war, faszinierte mich in irgendeiner Weise schon immer. Vermutlich lag es an der Ruhe und Natürlichkeit, die dieser Mensch an den Tag legte. Er war Heeresbergführer bei der Deutschen Bundewehr und gehörte dort einem Gebirgstrupp an. Mit seinen ca. 30 Jahren erzählte er oft von seinem Berufsalltag, der mich immer wieder an die Filme von Luis Trenker erinnerte. Er, der übrigens auch Luis hieß, besaß sowohl skiläuferisches Können, als auch eine unübertreffliche Beherrschung des alpinen Felsgeländes.

Gelegentlich lud er Menschen ein, mit ihm Touren zu gehen. Da die Personen, die er sich aussuchte sehr unterschiedlich waren, konnte ich lange nicht verstehen nach welchen Kriterien er seine Kletterpartner auswählte. Heute weiß ich, er musste beruflich mehrere Übungstouren im Jahr nachweisen und suchte sich deshalb die Menschen so aus, dass sie sich hervorragend in seine Übung einpassen.

Einige Male streifte mich an diesem Abend schon sein Blick, bis er mich plötzlich fragte, was ich am Samstag vorhätte. Ich überlegte kurz und sagte dann, dass ich am Samstag frei hätte und noch nichts geplant wäre. Dann kam, was ich mir schon lange wünschte. Er lud mich ein, eine Klettertour mit ihm zu wagen. Ich hatte von dieser Sportart wirklich keine Ahnung, dachte mir aber, dass er mit seiner Erfahrung sicherlich weiß, was er tut. Es war ja auch bekannt, dass ich Kunstturnerin war und trotz meiner 25 Jahre immer noch gelegentlich in der Halle stand. Mein Freund war etwas verunsichert und erkundigte sich deshalb genau, ob meine sportlichen Fähigkeiten ausreichen würden. Luis bestätigte ihm, dass er kein Risiko einginge und nur eine Tour machen würde, die auch für mich zu bewältigen wäre.

Voller Vertrauen stieg ich an dem besagten Samstag um 7:30 in sein Auto, um 30 Minuten später, zum Aufstieg auf den Staufen in Bad Reichenhall zu starten. Wie mir Luis aufgetragen hatte, trug ich bequeme Kleidung und rutschfeste Sportschuhe.

Heute kann ich nicht mehr mit Sicherheit sagen, wie viele Stunden wir liefen, ehe er stehen blieb und die Kletterausrüstung aus seinem Rucksack holte. Schon der erste Akt kostete mich enorme Überwindung. Nachdem alle Gurte und Schnüre angelegt waren, bat er mich, mich mit dem Rücken zum Abgrund zu stellen und langsam hinabzugleiten. Ich solle mich dabei immer wieder mit den Beinen von der Felswand abstoßen. Alleine die Tatsache, dass ich mich mit dem Rücken an den „Rand der Erde" stellen musste, von dort aus es dann ca. 30 Meter in die Tiefe ging, bereitete mir schon Unbehagen. Er versicherte mir allerdings, dass nichts passieren könnte. Er habe das andere Ende des Seiles fest in seinen Händen und gebe es bei Bedarf nach. Tröstlich war diese Vorstellung für mich nicht. Ich musste mich jetzt mit meinen ca. 60 kg in ein Seil hängen, dass nur von der Hand eines Menschen gehalten wurde. Auf mein Gefühl wollte ich mich in diesem Moment nicht verlassen, da ich glaubte, dass meine Angst nur von meinem Unwissen käme. Welch ein fataler Fehler! Ich ließ mich auf den

Abstieg ein, erst etwas zögerlich, doch je näher ich dem Boden kam, umso sicherer wurde ich. Die größte Angst machte mir das Korsett, welches Luis trug, weil er vor Kurzem eine Rückenverletzung erlitten hatte. Ich konnte und wollte mir nicht vorstellen, wie er mit diesem Handicap eine Person, die nur an einem Seil hing, halten will. Er versicherte mir aber mehrfach, dass das alles ginge, weil er seine Techniken beherrsche.. Bald war ich auch sicher unten angekommen und hatte wieder Boden unter den Füssen.

Als nächstes kamen wir an eine Wand, die meinen Schätzungen nach etwa 50-60 Meter in die Höhe ragte. Diesmal ging er vor und ich sollte genau seiner „Spur" folgen. Gesagt - getan. Ich weiß nicht warum, aber der Aufstieg machte mir zunächst weniger Angst. Am letzten Stück sagte er mir, ich solle jetzt warten, bis er über den Felsbauch hinweg sei. Er würde mir dann ein Zeichen geben, wann ich nachkommen könnte. Solange Luis noch in meinem Blickfeld war, konnte ich etwa drei bis vier Sicherungsstellen (Haken) beobachten, an denen er sein Seil festmachte. Als er über den Felsvorsprung hinweg war, bekam ich wieder dieses beklemmende Gefühl in der Magengegend. Immer wieder rief ich nach ihm, um sicherzustellen, dass ich nicht alleine war. Den Blick nach unten wagte ich gar nicht und nach oben zeigte er mir eine hoffnungslose Leere. Ich betete unentwegt, dass Luis mir bald ein Zeichen geben würde, dass auch ich meinen Weg fortsetzten könnte. Es waren gefühlte Stunden (in Wirklichkeit nur Minuten), in denen ich an einer Wand, weit über dem Boden hing und mir schwor eine andere Möglichkeit zu suchen, um mich abzureagieren. Plötzlich kam das Zeichen. Ich glaube mich noch zu erinnern, ich sollte immer an dem Haken, an dem ich gerade bin, den Karabiner lösen und eine Sicherung weiter nach oben klettern, was über zwei Sicherungsstellen ganz gut klappte. Was dann passierte entzieht sich fast völlig meiner Kenntnis. Luis sagte mir später, er wolle es mir nicht erzählen, um mir nicht unnötig Angst zu machen. Ich spürte plötzlich, wie von oben ein kleiner Gegenstand nach unten fiel. Er schlug ein paar Mal gegen die Felswand, bis er am Fuß des Felsens aufprallte. Es ging alles so schnell, dass ich nicht wusste, was mit mir geschehen war. Plötzlich war es ganz still. Als ich mich umsah, hatte ich das Gefühl, ein Stück abgesackt zu sein. Auf meine Rufe reagierte Luis zunächst nicht und ich befürchtete, dass mit seinem Rücken etwas nicht in Ordnung sei. Es überfiel mich ein Anflug von Panik, dann schwankte dieses in Todesangst um. Ich rief nochmal nach Luis, doch auch diesmal bekam ich keine Antwort. Vor meine Augen lief ein böser Film ab. Ich sah den kleinen Gegenstand noch einmal fliegen und als er näher kam, wurde er größer. Ich erkannte Luis, der an mir vorbeiflog und mit einem grellen Schrei im Nichts verschwand. Totenstille. Ich schüttelte meinen Kopf und riss mich so ins Tagesbewusstsein zurück. Jetzt reiß dich zusammen und fang nicht an durchzudrehen ermahnte ich mich selbst, es ist ja noch nichts passiert! Die Panik ergriff mich von neuem und plötzlich hörte ich Luis Stimme. Was mir wie Stunden vorkam, waren in Wirklichkeit nur wenige Augenblicke. Luis fragte mich, ob alles in Ordnung sei. Da brachen die Tränen auch schon wie Sturzbäche aus mir heraus. Ich sagte „ja", aber ich hätte große Angst. Luis sagte, ich solle mich beruhigen, er baue eben eine Vorrichtung (eine Seilwinde) zusammen, mit der er mich hochziehen kann. Ich war in diesem Zustand nicht mehr in der Lage auch nur einen Meter zu klettern. Meine Gedanken wanderten wieder zu Luis Rücken und zu meinen 60 kg Körpergewicht. Dies machte es mir nicht möglich, an eine Rettung zu denken. Doch ganz zu meiner Freude (soweit man von Freude reden kann), befand ich mich bald auf einer Fläche, an der ich wieder Boden unter den Füssen hatte. Es war ein mit Gras übersätes, nicht ganz glattes Gelände, welches allerdings auch ohne jegliches Hilfsmittel von Spaziergängern zu begehen war. Ich jedoch stand so unter Schock, dass ich es kaum fertig brachte, einen

Fuß vor den anderen zu setzen. Luis, der meine Unsicherheit bemerkte, wurde plötzlich fahrig und meinte ich solle mich nicht so anstellen. Ich sagte ihm, dass ich nicht anders könnte. Meine Frage, was da passiert sei, beantwortete er mir nicht, auch später nie. Ich bemerkte nur dass auch ihm die ganze Sache etwas an die Nieren ging, denn er war um einige Nuancen blasser, als vor diesem Vorfall. Dies hätte auch seine fahrige Art begründet, denn er war sonst der friedlichste Mensch, den man sich vorstellen kann. Schweigend gingen wir nebeneinander her in Richtung Auto. Dies war meine längste, schweigende Wanderung, die ich je in meinem Leben gemacht hatte. Bald waren wir am Auto und ich wollte nur noch heim.

Zu Hause angekommen erzählte ich meinem Freund von dem Vorfall. Der war zunächst wütend auf seinen Musikkollegen, weil er seine Befürchtungen (ich sei so einer Wanderung nicht gewachsen) bestätigt sah. Er telefonierte mit Luis, um sich für den Abend mit ihm am Stammtisch zu verabreden. Ich begleitete ihn, weil ich die Hoffnung hatte, so doch noch zu erfahren was dort oben in der Felswand geschehen war. Luis ging auf die Bedenken meines Partners gar nicht ein und legte mir nahe, zeitnah einen „zweiten Versuch" zu wagen, um evtl. eine dauerhafte Höhenangst zu vermeiden. So kam es, dass ich für den Samstag in 14 Tagen zusagte, um erneut mit ihm in die „Wand" zu steigen. Mein Freund war gar nicht begeistert. Er war sogar stinkig auf Luis und mich. Seine Unzufriedenheit musste ich allerdings übersehen, weil ich mir als leidenschaftliche Skifahrerin nicht hätte leisten können, Höhenangst zu haben.

Zwei Wochen später, es war der Freitag vor unserem Aufstieg, läutete spät abends das Telefon. Mein Freund ging ran und gab mir kurz drauf den Hörer mit der Bemerkung, Luis ist dran. Nach einer kurzen Begrüßung fragte er mich, ob ich ihm arg böse wäre, wenn er die Tour verschieben würde. Ich sagte ihm, dass es für mich kein Problem sei. Er erklärte mir, dass er mit einem befreundeten Arbeitskollegen eine berufliche Tour gehen wolle, weil sie dem Arbeitgeber eine bestimmte Tour nachweisen müssten. Dazu dürfe oder wollte er (ich weiß es heute nicht mehr genau) keine Privatperson mitnehmen. Wenn ich ehrlich bin, war es mir ganz recht, weil ich schon seit Tagen ein unbeschreiblich negatives Gefühl in meiner Magengegend verspürte. Wäre da nicht die Angst vor einer dauerhaften Höhenangst gewesen, hätte ich mich ohnehin nicht auf eine weitere Tour eingelassen. Zumal Luis meinem Freund gegenüber auch einmal unter lachen erwähnte, er wollte seine und meine Grenzen austesten, was ihm bald zum Verhängnis geworden wäre. Weder mein Freund noch ich wussten, ob er diese Aussage ernst meinte.

Um 16:00 an diesem Samstag waren wir mit Luis in der Stammkneipe verabredet, weil mein Partner und er am Abend etwas Unterhaltungsmusik machen wollten. Als Luis um 16:30 noch nicht da war, wurde mein Partner schon etwas unruhig. Er legte immer sehr viel Wert auf Pünktlichkeit. Die Wirtin hatte in der Zwischenzeit das Radio auf den Regionalsender gestellt und sich einen Spaß draus gemacht, dass das doch auch Musik sei. So wollte sie die gute Stimmung der Anwesenden ein wenig aufrechterhalten.

Um 17:00 kamen dann die Nachrichten aus der Region und keiner ahnte zu diesem Zeitpunkt, dass diese Mitteilungen uns lange in schlechter Erinnerung bleiben würden. Es wurde totenstill, als die Sprecherin sagte, dass es am Hochstaufen in Bad Reichenhall einen Kletterunfall gab, bei dem vermutlich zwei Personen abgestürzt wären. Wanderer wollen einen grellen Schrei gehört haben und dann beobachteten sie, wie mindestens zwei Personen in die Tiefe stürzten. Sie alarmierten umgehend die Hilfskräfte, die sich sofort auf den Weg machten. Mehr konnte zu diesem Zeitpunkt noch nicht gesagt werden. Ohne, dass jemand am Stammtisch ein Wort sagte, hatten wir alle denselben Verdacht. Es war schließlich der Berg, an dem Luis mit seinem Kollegen zum Klettern war und seine Unpünktlichkeit untermalte unsere Befürchtung deutlich. Luis war immer viel zu früh bei Verabredungen, denn er liebte wie mein Freund die Pünktlichkeit.

Wir wurden von Minute zu Minute unruhiger und ich kann heute nicht mehr sagen, wer uns an diesem Abend bestätigte, dass es sich bei dem Unfall tatsächlich um Luis und seinen Kollegen handelte. Wir waren so durch den Wind, dass wir nur kurze Zeit später den Heimweg antraten und jeder für sich seinen Gedanken nachhing. Ich konnte meine Gedanken kaum sortieren, zu viel Wirrwarr war in meinem Kopf.

Ich stellte mir an diesem Abend und auch an den darauffolgenden Tagen noch häufig dieselben Fragen. Warum sagte mir Luis so kurzfristig ab? Hörte ich 14 Tage zuvor denselben grellen Schrei, den die Wanderer hörten? Kann es so etwas geben? Waren die Bilder, die ich in meinen Gedanken sah, als ich in der Felswand hing eine Vorahnung? Sagte mir mein Bauch deutlich, ich solle diese zweite Tour nicht mitgehen? Wurde mir der Arbeitskollege von Luis geschickt, weil ich trotz komischer Bauchgefühle mitgehen wollte?

Diese und viele weitere Fragen quälten mich auch noch Jahre nach dem tragischen Unfall. Heute weiß ich mit Sicherheit, ich kann mich auf mein Bauchgefühl verlassen. Immer wenn es sich meldet, frage ich mich, was es mir sagen will und bekomme auch die Antwort darauf. Ich weiß, dass ich alle Antworten in mir trage und diese bei Bedarf abrufen kann.

WENN MAN SICH NICHT ENTSCHEIDEN KANN

Kämpfe nicht gegen Deine innere Stimme an
© by Margit Sonntag

Wer kennt das nicht, man soll sich für etwas entscheiden und weiß nicht wie? Nicht nur einmal stand ich bei einer Entscheidung vor einem überdimensional großen Fragezeichen, bin dann hin- und hergerissen und weiß nicht, welches die richtige oder die bessere Antwort ist. Irgendwann habe ich in einem Buch gelesen, dass wir alle Antworten in uns tragen und bei Entscheidungen einfach das Vertrauen in das innere Gefühl legen sollen. Ich wollte den Versuch wagen, übte diese Technik und siehe da, meistens funktioniert es seither sogar. Dabei sollte man nicht außer Acht lassen, „dass jeder Mensch seine eigene Wahrheit hat". Das heißt, wenn für mich die richtige Antwort z.B. „der rote Pullover ist bei Kälte der Beste" lautet, kann es beim nächsten schon der blaue Pullover sein. Da jeder Mensch ein Individuum ist und bei Antworten ganz viele Faktoren eine Rolle spielen, können sogar so viele Antworten richtig sein, wie es Menschen gibt. Man muss hier nur das eigene Ego ausblenden und erkennen, dass jede Antwort, die man für richtig hält, nur für einen selbst stimmig ist. Sicher gibt es Situationen in denen es nur eine Richtige Antwort gibt und

79

zwar für alle (z.B. bei der Führerscheinprüfung). Das liegt dann aber daran dass es Regeln gibt, die von irgendjemandem beschlossen wurden und an die wir uns halten müssen. Hätte man an den Tisch, an dem solche Regeln beschlossen werden, ein anderes Gremium gesetzt, wären sicherlich auch andere Antworten heraus gekommen. Wenn wir ehrlich sind, sind manche Regeln ja so sinnlos, wie ein Kropf. Man kann weder Logik noch Sinn erkennen und trotzdem wissen wir, dass es Befehle sind, die uns vorgegeben werden und an die wir uns halten müssen. Ich persönlich erkenne z.B. keinen Sinn bei einem „Rechts vor Links" in einem Wohngebiet. Persönlich schwer machen mir solche Regeln das Leben nur selten. Eher kämpfe ich da bei Entscheidungen, die persönliche Dinge betreffen.

Manchmal kann ich sogar so weit vom die „Antwort-steuern-zu-wollen" loslassen, dass ich das Gefühl habe, als würden meine Gedanken fremd gesteuert. So als würde ich Antworten geben, die mein Verstand so gar nicht will. Es fühlt sich dann so an, als würden meine „Helfer" das Ruder übernehmen und die Situation in die richtige Bahn lenken. Ich bin dabei völlig manövrierunfähig und kann nichts machen. Dies passierte mir zum Beispiel einmal in folgender Situation…

Nach meiner Ausbildung zur Bauzeichnerin war ich ca. neun Monate auf Arbeitssuche, bis ich endlich einen passenden Job gefunden habe. Während der Arbeitslosigkeit rief mich ein ehemaliger Ausbilder an und sagte, er hätte einen Auftrag für mich. Ein Kollege von ihm schrieb gerade eine Doktorarbeit für Ingenieurwissenschaften. Dazu benötigte er einige Handzeichnungen von historischen Bauten. Da ich auf der Schule bekannt war, dass mir gerade diese Art von Zeichnungen leicht von der Hand geht, hat er sofort an mich gedacht und mich gefragt, ob ich diese Aufgabe übernehmen würde. Ich sagte sofort zu, denn eine Herausforderung dieser Art kam mir gerade Recht. Schnell war ein Termin zu einem Treffen mit dem angehenden Doktor gefunden. Ich sollte ein paar Arbeiten von mir mitbringen, damit dieser meine Stiftführung sehen kann.

Während des Treffens sprachen wir schnell die gleiche Sprache und er war von meinen mitgebrachten Zeichnungen so angetan, dass er mir den Auftrag gab. In den nächsten Tagen wollte er mir Unterlagen zuschicken, aus denen ich alles entnehmen könnte, was ich als Info für die Erledigung dieser Aufgabe benötigt hätte. Dies wäre eine tolle Aufgabe gewesen, die mich in den folgenden Wochen ein wenig aus meinem tristen Alltag (wegen der Arbeitslosigkeit) geholt hätte und sicherlich wäre es auch ein neuer Energie-schub gewesen.

Ich wartete auf die Unterlagen. Erst eine Woche, dann die Zweite. Ich kann nicht sagen, weshalb ich nicht zum Hörer griff, um nachzufragen, wo die Unterlagen blieben. Ich tat es einfach nicht. Jeden Tag dachte ich erneut daran, ihn anzurufen, aber irgendetwas in mir hielt mich davon ab.

In der vierten Woche nach diesem Treffen bekam ich einen Anruf wegen einer Stelle im Flugzeugbau. Allerdings gab es eine Bedingung, um diesen Job zu bekommen. Ich musste sofort anfangen und die Stelle war vorerst nur befristet. Sofort anfangen war für mich ok, denn wer zuerst kommt, mahlt zuerst. Die Befristung war mir erst einmal egal, denn ich wollte unbedingt wieder einer Aufgabe nachgehen.

Leider war der Job nach der Befristung beendet, weil die Zusage für den Bau eines neuen Flugzeuges noch nicht vorlag. Allerdings hatte ich Glück im Unglück. Über Umwege und Beziehungen (in diesem Job) kam ich an meinen nächsten Job, den ich bis heute ausübe und der mich glücklich macht.

Bis heute hat sich der angehende Doktor mit den Unterlagen nicht gemeldet. Hätte er mir die Unterlagen wie abgemacht gleich geschickt, hätte ich den Job im Flugzeugbau nicht annehmen können und somit meinen jetzigen Job nicht gefunden.

Hier sieht man mal wieder, dass sich alles von alleine regelt. Irgendetwas in mir hielt mich zurück, bei dem Herren anzurufen und nachzufragen. Heute weiß ich, dass mich meine Helfer zurück gehalten haben, weil a.) was Besseres kommt und b.) mich dies zu einem Job auf Dauer geführt hat.

MEDITATION - PFAD DER REINIGUNG

Man muss das Alte ziehen lassen,
um Platz für Neues zu schaffen
© by Margit Sonntag

Im Folgenden beschreibe ich eine Mischung aus gesteuerter- und freier Mediation. Ich lenkte meine Gedanken bewusst auf diesen Weg, bis ich mit der Umgebung Eins wurde. Als ich genug Vertrauen in meine Umgebung hatte, ließ ich meine Gedanken ziehen. Ich ging mit folgender Frage in die Meditation...

„Was muss ich tun, damit sich mein Wunsch nach einer Umschulung erfüllt"?

Zur Einleitung möchte ich vielleicht meine damalige Lebenssituation kurz schildern. Ich lebte in einer schwierigen Beziehung, die nicht viel Substanz für ein langes Bestehen besaß. Sie hinderte mich sehr daran, meinen Blick auf die Zukunft zu lenken und mich meinen Zielen auch nur ein Stückweit zu nähern. Heute weiß ich, ich konnte mich damals aus reiner Abhängigkeit nicht trennen. In meiner damaligen Verzweiflung, mich ständig im Kreis zu drehen, wollte ich meine geistigen Helfer um Hilfe bitten.

„Sanfter Kreislauf"

Erstellt mit PhotoImpact

Zunächst schaffte ich in meiner Umgebung eine gemütliche Atmosphäre. Ich zündete Kerzen an, füllte einen angenehmen Duft in die Öllampe und legte eine CD mit Naturklängen in den CD-Player. Dann brachte ich noch das schnurlose Telefon in die Küche, um davon nicht in meinem „Nichtstun" gestört zu werden. Jetzt legte ich mich bequem auf meine Couch und konzentrierte mich auf meine Frage. Ich bat meine geistigen Helfer, mir eine Antwort auf meine Frage zu geben...

Meditation

Ich lief einen schmalen Pfad entlang. Auf der linken Seite säumten Felsen in unermesslicher Höhe diesen Weg, während es auf der anderen Seite schwindelerregend in die Tiefe ging. Am Fuße des Abgrundes rauschte ein reißender Wildbach. Wilde Wasserfälle, Stromschnellen und beckenartige Strudeltöpfe zogen mich sofort in ihren Bann. Der einzige Schutz, nicht bei dem kleinsten Fehltritt ins kühle Nass zu stürzen, waren runde Holzbalken, die in etwa neunzig Zentimeter Höhe angebracht waren und sich den ganzen Pfad entlang schlängelten. Irgendwie hatte ich von Anfang an das Gefühl, dass es kein leichter Aufstieg für mich werden wird. Ich wollte ihn trotzdem gehen, weil ich unbedingt eine Antwort auf meine Frage ha-

ben wollte. Ich schlenderte schon eine ganze Weile den Pfad bergauf, lauschte dem Rauschen des Baches unter mir und hin und wieder dem Gesang der Vögel, die ihre Freiheit im Wald auf der gegenüber liegenden Seite des Baches genossen. Außer mir befand sich niemand auf dem Pfad. So konnte ich zwischen den Klängen des Naturschauspieles nur die absolute Ruhe hören. Es war ein angenehmes Gefühl.

Allmählich wurden die Töne des Baches und die, die aus dem Wald kamen immer mehr eins mit den Klängen, die aus meinem CD-Player kamen. Ich gab mich dem ganz und gar hin und hörte auf, die Gedanken weiterhin steuern zu wollen...

Die Wärme der Sonne legte sich wie ein Mantel auf meine Haut und hin und wieder hatte ich das Gefühl eine feuchte Briese in meinem Gesicht zu spüren. Plötzlich wurde es etwas schattiger und vor mir tat sich ein tunnelähnliches Gewölbe auf, das die Felswand, die sich bislang nur links neben dem Weg befand, formte. Der Blick durch den Eingang war sehr dunkel und ließ keine Aussicht auf den Bach und Wald zu. Ich zögerte kurz und überlegte, ob ich den Weg hier fortsetzen möchte. Etwas Angst machte sich in mir breit. Jedoch siegte der Wunsch, meinem Ziel (Umschulung) näher kommen zu wollen.

Ich trat ein und setzte zu Anfang meinen Weg mit vorsichtigen Schritten fort. Je weiter ich in den Tunnel hinein ging, umso weniger konnte ich noch etwas erkennen. Ich weiß nicht, wie lange ich schon in der Dunkelheit wanderte, als ich völlig verzweifelt und erschöpft in die Knie ging und zu weinen begann. Ich schrie, „bitte helft mir, ich kann nichts sehen und habe Angst!", doch nichts tat sich.

Eine ganze Zeit bin ich auf dem Boden verharrt, als ich mich aufrichtete und überlegte, ob ich meinen Weg fortsetzen soll. Ich dachte daran, wie lange ich schon gelaufen war und wusste, was mich am Start des Weges erwartete – NICHTS!- Nichts, außer purer Verzweiflung. Das, was ich kenne will ich aber nicht mehr haben und so beschloss ich, meinen Weg in Richtung des Ungewissen fortzusetzen, um zu sehen, was mich dort erwartet. Also hob ich den Kopf, schaute einmal nach links und dann nach rechts. Ich hatte das Gefühl, als würde sich der Weg nach rechts in weiter Entfernung etwas erhellen. Weil ich nicht mehr wusste aus welcher Richtung ich gekommen war, folgte ich dem Lichtstrahl in weiter Ferne.

Ich lief und lief und musste vor lauter Erschöpfung immer wieder eine Rast einlegen. An manchen Stellen bin ich sogar eingeschlafen. Beim Aufwachen verspür-

te ich neue Kraft und lief weiter. Ich weiß nicht, wie viele Tage und Nächte ich auf diesem Pfad wanderte, als ich plötzlich aus dem Tunnel kam. Der Weg war zu Ende. Vor mir ragte eine unermesslich hohe Felswand in den Himmel, die nach links und rechts kein Ende fand. Sie zu überklettern wäre ohne das notwendige Knowhow und ohne Ausrüstung nicht möglich gewesen. Ebenso wenig, wie das Umgehen nach rechts oder links.

Was soll ich hier, rief ich in die Stille, ohne ein Antwort zu bekommen. Erneut war ich rat- und hoffnungslos und sackte in einen tiefen Erholungsschlaf.

Als ich erwachte, sah ich für mich nur drei Möglichkeiten. Entweder ich würde umdrehen und den Weg zurück gehen, oder ich würde ihn nach links oder rechts fortsetzen. Da ich keine Ahnung hatte, was am besten war, sah ich mich um, um irgendeinen Anhaltspunkt zu bekommen, was ich tun soll. Ich sah nichts, außer, ein paar Blätter, die der Wind neben mir durch die Luft wirbelte. Da ich weiter nichts zu sehen bekam, nahm ich dies als Hinweis dafür, in welcher Richtung mein Weg weiter gehen würde (Heute weiß ich, dass alles ein Zeichen sein kann).

Ich ging also in die Richtung, in die mir die Blätter den Weg wiesen. Nicht lange musste ich wandern, bis mir bestätigt wurde, die richtige Wahl getroffen zu haben.

In der Felswand neben mir tat sich ein kleiner Eingang auf. Im Gegensatz zu dem Eingang an dem Tunnel, durch den ich lief, bereitete mir dieser Eingang nicht so viel Unbehagen. Ich zögerte nur ganz kurz und trat dann hindurch. Der Weg, der hier vor mir lag, war hell und somit gut überschaubar. Er war schmal und führte ein wenig ins Felsinnere. Plötzlich stand ich in einem raumähnlichen Gewölbe, dessen Wände mit unzähligen Kristallen überzogen waren. Überall auf kleinen Flächen in den Wänden brannten Kerzen und verzauberten den Raum in ein Farbenspiel ohnegleichen. Der Anblick dieses Raumes verschaffte mir ein Gefühl, welches ich mit Worten gar nicht beschreiben kann. Inmitten des Gewölbes stand auf einer Anhöhe ein aus Stein geformtes Wasserbecken. Auf dessen Rand saß eine Gestalt, die mir sofort vertraut war, obwohl sie nicht von dieser Welt zu sein schien. Sie gab mir zu verstehen, dass ich in das Wasser steigen sollte.

Ohne zu zögern stieg ich die wenigen Treppen zu dem Becken hoch und legte mich in das warme Wasser. Es duftete nach Lavendel und der Badeschaum war mit hunderten von Lavendelblüten übersät. Ich legte mich

90

bequem in das Becken und war schnell in einem sehr entspannten Zustand. Plötzlich hörte ich wieder die Klänge vom rauschenden Wasser und singenden Vögeln. Nach einer mir unbekannten Zeit bat mich die Gestalt, das Bad zu verlassen und meinen Weg fortzusetzen. Ich stieg aus der Steinwanne, nahm das Handtuch, das mir die Gestalt reichte und stieg die Treppen hinab. Als ich mich angezogen hatte, ließ ich ein letztes Mal das Farbenspiel der Kristalle und Kerzen auf mich wirken. Dann setzte ich meinen Weg fort. Wie selbstverständlich wusste ich, in welche Richtung mich mein Weg aus dem Gewölbe führen würde.

Schon als ich am Ausgang stand, konnte ich erkennen, dass es ein sonniger warmer Tag war, der mich dort draußen empfing. Ich trat hinaus und stand inmitten einer Blumenwiese. Als ich mich noch einmal umdrehte, um einen letzten Blick auf den Weg zu werfen, den ich gerade gegangen war, war weder ein Felsen, noch ein Tunnel oder ein Weg in diese Richtung zu sehen. Alles war wie weggeblasen. Um mich herum waren nur diese Blumenwiese, die Sonne und der freie Himmel. Ich blieb eine Weile still stehen und überlegte, wo all das geblieben war, was hinter mir lag. Plötzlich sah ich einen grellen Lichtstrahl, der wie eine Sternschnuppe vor mir zu Boden ging. Ich rieb mir die Augen und sah mir gegenüber die Gestalt, die vor kur-

zem noch an meinem Wannenrand saß (ich weiß nicht weshalb, aber ich habe das Gefühl, dass diese Gestalt weiblich ist). Sie sagte mir, dass ich nicht mehr nach hinten schauen soll, weil ich mir damit den Weg nach vorne blockiere. Als Rat gab sie mir mit, dass ich mich von allem Alten reinigen müsse um meine Ziele zu erreichen. Ich müsse loslassen und Angst und Verzweiflung überwinden. Dies war alles, was mir auf meinem Weg in den letzten Tagen vor Augen geführt wurde. Ich solle dies alles umsetzen, dann würden sich auch mir neue Wege auftun und ich würde mein Ziel erreichen. Langsam verblasste die Gestalt vor mir und je weniger ich sie sehen konnte, umso mehr wurden mir die Klänge bewusst, die aus meinem CD-Player kamen. Ich kam langsam ins Hier und Jetzt zurück, wurde mir meiner Umgebung bewusst und richtete mich dann langsam auf.

Kurze Zeit nach dieser Meditation wurde mir schmerzlich bewusst, dass ich mich aus meiner unglücklichen Beziehung lösen muss. Ich glaube es dauerte etwa. drei Monate, bis ich mir vornahm, am Abend meinem Partner zu sagen, dass ich mich trenne.

Glaubt es, oder nicht, aber am Nachmittag des besagten Tages rief mich die Sachbearbeiterin von der Rentenversicherung an und fragte mich, ob ich am folgenden Tag vorbeikommen könne, um erneut über eine Umschulung zu sprechen. Trotzdem beendete ich am Abend desselben Tages meine Beziehung und setzte meinen Weg alleine fort. Seit diesem Tag sind nun Jahre vergangen und ich bin glücklich in einem Beschäftigungsverhältnis. In dem Beruf, auf den ich umgeschult wurde.

Heute ist mir klar, wenn man neue Wege einschlagen möchte, muss man die Alten erst beenden!

WIE ICH MIR ÜBER JAHRE HINWEG DAS FALSCHE WÜNSCHTE

Alles was Du möchtest
kannst Du Dir wünschen
© by Margit Sonntag

Hier zeige ich anhand eines Beispiels, weshalb es so wichtig ist, sich genau zu überlegen, wie man seine Wünsche formuliert. Seit Jahren bin ich davon überzeugt, dass man alles, was man haben möchte auch bekommt, wenn man es sich wünscht. Ich bin nicht nur davon überzeugt, ich habe es am eigenen Leibe erfahren.

Mit knapp 40 Jahren begann ich noch einmal eine Ausbildung. Mein neuer Beruf sollte das Fundament für mein neues Leben sein. Da ich bis dahin ein eher unerfülltes Leben führte, entschied ich mich eines Tages zum Kahlschlag. Dazu gehörte nach meiner Vorstellung, ein neuer Beruf, der mich erfüllt, ein Wohnortwechsel in eine schöne, ruhige Lage, eine Reinigung meiner Freundesliste, ein Mensch an meiner Seite, der wie ich ist und noch so ein paar Dinge. Das alte Leben wollte ich hinter mir lassen und noch einmal ganz von Vorne beginnen. Das wichtigste aller Dinge aber war der Beruf, weil ich damit das nötige Geld verdiene, um mir einige der anderen Dinge leisten zu können. In dem Kapitel „Meditation-Pfad der Reinigung" ging ich schon ein wenig drauf ein, wie ich zu dem Beruf kam. Dieser Wunsch wurde mir eigentlich nach ein paar Umwegen, relativ schnell und unproblematisch erfüllt.

Nach erfolgreich abgeschlossener Prüfung musste zunächst ein Job her. Der war sich auch noch relativ schnell gewünscht. Offensichtlich habe ich unbewusst bei den Wünschen, die den beruflichen Weg angingen, keine Fehler gemacht, denn bis heute erfüllt mich der Job voll und ganz.

Nacheinander wünschte ich mir jemanden an die Seite, der war wie ich. Einen Menschen, mit dem ich viel Zeit verbringe, eine schöne Wohnung, in der ich mich wohlfühle und was mir noch so alles zu einem erfüllten Leben fehlte. Selbst das kleine Cabrio, das ich so lange wollte, fahre ich heute.

Leider war ich zu der Zeit, als ich mir diese(n) Menschen wünschte noch sehr unerfahren, was das Wünschen angeht. Das heißt, weniger mit dem Wünschen an sich, als mit dem, wie man sich das Richtige wünscht. Aber keine Angst, ich bekam genau das, was ich mir wünschte. Und zwar ALLES!

Aus dieser Unerfahrenheit heraus, habe ich allerdings ein paar ganz wichtige Dinge übersehen und so habe ich mir an manchen Tagen einen Partner gewünscht, an anderen Tagen wünschte ich mir einen Menschen an meiner Seite, der genauso ist, wie ich. Dann wünschte ich mir wieder eine Wohnung und ein Auto und noch vieles mehr. Lange zweifelte ich immer wieder, weil die Erfüllung, gerade was den Menschen betrifft, so lange dauerte. Manchmal war ich während des Wünschens richtig nervös, weil ich dachte, ich mache irgendetwas falsch. So wünschte ich mir eines Tages einen Partner - einen Menschen an meiner Seite, der so ist wie ich und das Ganze bitte etwas zügig!

Tage danach war ich sehr nervös und deshalb glaubte ich, dieser Wunsch wäre etwas zu fordernd gewesen. Wenn ich so richtig überlege, machte sich die Nervosität schon seit dem ich mir diesen Menschen wünsche in mir breit. Es wurde jetzt lediglich intensiver, viel intensiver. Bei der Wohnung und dem Auto hatte ich diese Nervosität nicht verspürt. Zu diesem Zeitpunkt hätte ich wahrnehmen müssen, dass sich mein Wunsch nicht gut anfühlte und ihn nochmal überdenken müssen. Ich hätte meine Gedanken korrigieren müssen und zwar solange, bis sie sich gut anfühlten.

Zu fordernd war der Wunsch nämlich keines Falls (weiß ich heute), denn er wurde jetzt zügig erfüllt. Ich bekam alles genauso, wie ich es mir wünschte. Nach der Wohnung kam zuerst der Partner und wir zogen zusammen in eine neue Wohnung. Leider hielt diese Beziehung nur wenige Jahre, weil der Partner natürlich nicht so war, wie ich. Wir passten einfach nicht zusammen. Am Ende dieser Beziehung blieb eine wundervolle Freundschaft, die bis heute anhält.

Jetzt fragt sich sicherlich der ein oder andere, warum ich dachte, das mit dem Wünschen klappt alles so. Tut es auch! Ich bekam nämlich auch noch den zweiten Wunsch erfüllt und zwar den Menschen, der so ist wie ich. Es gibt nur einen Menschen, der fast identisch mit mir ist und das ist meine eineiige Zwillingsschwester. Nicht, dass ich sie nicht in meiner Nähe

96

haben möchte, aber ehrlich gesagt, ganz einfach ist das manchmal nicht.

Ich wünschte mir einen Partner mit dem ich viel Zeit verbringe UND einen Menschen, der so ist wie ich. Das waren zwei Wünsche, die ich nachdem ich Druck machte auch bekam.

Ich hätte mir einen Partner wünschen müssen, der mich tief beseelt, oder aber einen, der perfekt zu mir passt. Damit wäre alles gesagt gewesen.

Als wir in unsere Wohnung zogen schien das Glück perfekt. Die Wohnung, der Beruf und der Partner waren so die ersten bewussten Wünsche, die sich mir erfüllten.

Wenige Monate nachdem wir eingezogen waren, erfuhren wir, dass die Nachbarn unter uns ausziehen. Hätte ich zum Zeitpunkt, als ich mir genau diese Traumwohnung wünschte gewusst, wie schwierig junge Menschen sein können, hätte ich mir diese Nachbarn sowieso von Anfang an weg gewünscht. So aber wurden wir sie ohne mein Zutun, zumindest nicht bewusst, los. In der Nacht, nachdem mich diese Nachricht erreichte, träumte ich, dass meine Zwillingsschwester genau in die Wohnung unter mir zieht. So blieb es nicht aus, dass ich sie am Vormittag nach dem Traum anrief und fragte, ob sie nicht unter uns einziehen will und sie sagte nach kurzem Zögern zu. Da es bei dem Haus um eine Doppelhaushälfte mit je zwei Parteien ging, waren wir nach ihrem Einzug viel freier. Der Garten wird zusammen genutzt und sonst gibt es auch kaum Probleme, was das Wohnen angeht.

Ich freue mich auch heute noch sehr, dass meine Zwillingsschwester unter uns einzog. Jedoch erfüllte mich dies nicht auf die Art und Weise, wie ich es mir von einem Partner gewünscht hatte. Ein Partner ist doch noch einmal etwas ganz anderes, als eine Schwester oder eine Freundin.

Wir sind uns sehr gleich und so bleibt es nicht aus, dass sie mir Tag für Tag einen Spiegel vorhält. Wie wir ja alle wissen, trifft es uns besonders hart, wenn uns jemand mit den eigenen Schwächen konfrontiert. Jetzt muss man sich vorstellen, dass man jeden Tag einen Spiegel vor die Nase gehalten bekommt, aus dem einen die eigenen Defizite anblicken. Da sind unendliche Auseinandersetzungen vorprogrammiert. Sicher habe ich dadurch auch die Möglichkeit an diesen Konfrontationen zu wachsen. Jedoch zerrt es schon sehr an meiner Kraft.

Und gerade dann wünscht man sich einen Partner an seine Seite, der diesen Weg mit einem zusammen geht.

An dieser Stelle gebe ich noch allen Eltern von Zwillingen mit auf den Weg, geht bei Streitereien nicht zu hart ins Gericht mit euren Kindern, sie brauchen diese Auseinandersetzungen für ihr Wachstum. Es ist für die Zwillingskinder nicht immer einfach, da ihnen nichts so ähnlich ist, wie ihr eigenes Spiegelbild.

Ich für mich glaube weiterhin an die Kraft unserer Gedanken/Wünsche und werde die Form von Erfüllung auch nie aufgeben.

DIE ZWEI SEITEN EINER MEDAILLE

Jeder hat es bestimmt schon einmal erlebt und war an dem Punkt angelangt, wo man sich fragt, was wohl der Sinn des Lebens sei. Und jeder hat sich sicherlich auch schon einmal gefragt, warum denn schon wieder ich, was habe ich jetzt wieder falsch gemacht? Verzweifelt warten wir dann auf eine Antwort, die wir aber, wie könnte es auch anders sein, nicht bekommen!

Die Antwort müssen wir auch nicht bekommen, denn sie ist längst in uns. Wir sind es die entscheiden, ob wir sie hören/sehen wollen oder nicht, denn wir haben den freien Willen!

Auch ist es der Mensch selbst, der sich das Leben unnötig schwer macht und dazu nenne ich ein kleines Bespiel um leichter verständlich zu machen, was ich damit meine.

Man stelle sich vor es ist Sommer, 35 Grad im Schatten und man hat sich vor einiger Zeit dazu entschieden, genau an diesem Tag, mit Freunden auf einen Berg zu steigen, um die Natur zu genießen. Als man diese Abmachung getroffen hat, konnte man nicht ahnen, welche Hitze dieser Tag mit sich bringt. Jeder packt in seinen Rucksack zwei belegte Brötchen, eine Thermoskanne Kaffee und eine große Flasche Wasser. Man zieht los und schon nach wenigen Schritten fangen die ersten an, sich über die Hitze zu beklagen. Zum Glück ist der Weg ja nicht allzu weit und man wird bald am Ziel sein. Jeder macht ausreichend Pausen und trinkt in regelmäßigen Abständen aus der Wasserflasche, um den Wasserhaushalt im Körper auszugleichen. Auf halber Strecke macht man eine Kaffeepause und isst die Brötchen. Alle wagen einen Blick in Richtung Gipfel und stellen fest, dass man nur noch etwa eine halbe Stunde vom Ziel entfernt ist. Nach dem sich jeder gestärkt hat, setzt man den Weg fort.

Völlig erschöpft kommt man am Gipfel an, lässt sich ins Gras fallen und kramt gierig nach den Wasserflaschen. Plötzlich schreit einer aus der Runde, so ein Mist meine Flasche ist schon halb leer. Alle anderen betrachten völlig entsetzt ihre Flaschen und stellen fest, dass es ihnen nicht besser geht. Auch ihre Flasche ist schon halb leer!

Nur einer aus der Runde steht auf und sagt freudig, meine Flasche ist noch halb voll!

Was glaubt ihr wohl, wem es in der Runde mit der gegenwärtigen Situation am besten geht und wer in diesem Moment der Zufriedenste ist? Genau, der, dessen Flasche noch halb voll ist! Aber haben nicht eigentlich alle noch dieselbe Menge an Wasservorrat? Ja haben sie, nur einer ist glücklich darüber, noch eine halbe Flasche Wasser zu besitzen.

Dieses Beispiel zeigt, dass es ganz wichtig ist, was wir denken und wie wir unsere gegenwärtigen Lebenssituationen sehen. Ganz alleine wir sind es, die unsere Gedanken kontrollieren können. Je nachdem, wie wir über eine Situation denken, können wir entscheiden, ob wir zufrieden oder unzufrieden sind. An der Situation selbst können wir nichts ändern, aber wir können somit beeinflussen, ob wir damit glücklich oder unglücklich sind.

Und bedenkt man an dieser Stelle, dass sich all unsere Gedanken nicht nur auf uns selbst auswirken. Das heißt, wenn ich denke, meine Flasche ist nur noch halb voll, füllt sich mein Innerstes mit Ärger, mir geht es schlecht, weil ich nicht viel habe! Ich bin frustriert und habe schlechte Laune, welche sich auf die anderen übertragen kann. Wenn ich hingegen sage, meine Flasche ist noch halb voll, manifestiert sich in mir die Freude und das Glück, dass ich ausreichend zu trinken habe. Auch diese Freude und das Glück können sich auf die Anderen übertragen.

DIE ANGST SICH ZU ERINNERN

Höre auf die Stimme in Dir
und Du brauchst nach Antworten nicht zu suchen!
© by Margit Sonntag

Warum haben die Menschen Angst sich zu erinnern? Diese Angst ist vermutlich der Hauptgrund, weshalb viele Menschen schon ganz früh anfangen, ihren Kindern die Erinnerungen abzutrainieren. Sie unterstellen den Kindern, sie würden phantasieren oder gar lügen, sobald das Kind von etwas spricht, was der Mensch mit dem Tagesbewusstsein nicht begreifen kann. Und so geht bei jedem Kind früher oder später jegliche Erinnerung verloren und mit ihr auch die Hellfühlig- und Hellsichtigkeit.

Wenn ich als Kind über Märchen redete, sagten meine Eltern nicht selten, hör auf zu spinnen. Für mich aber waren Märchen ein Stück weit real und trugen viel Weisheit in sich. Des Friedens willen hörte ich auf, davon zu reden und vergrub alles, was ich damit verband, tief in meinem Inneren.

Ein paar Jahre später fuhr ich mit meinen Eltern nach Spanien in den Urlaub. Es war sehr spät in der Nacht

Wo Licht ist, ist auch Schatten...

„Mandala"

Erstellt mit PhotoImpact

und ich schlief auf dem Rücksitz, als wir einen kurven-reichen Ort passierten. Plötzlich wurde ich wach und sagte im schlaftrunkenen Zustand, dort vorne steht ein Auto und wartet auf uns. Mein Vater sagte, die spinnt schon wieder. Meine Mutter meinte, nein, die hat geträumt und ist noch nicht ganz wach. Ich legte sofort ein Veto ein und sagte, nein ehrlich, nach der nächsten Kurve steht ein Auto, es sieht genauso aus wie unseres und hat auch im Kennzeichen die ersten Buchstaben genauso wie wir. Mein Vater meinte sichtlich genervt, hör auf zu spinnen und schlaf wei-ter! Ich sagte keinen Ton mehr und blickte aus dem Fenster. Lautlos kullerte mir eine Träne über meine Wange, als mein Vater auf die Bremse trat. Fast hätte er die scharfe Linkskurve übersehen. Langsam fuhr er durch die Kurve, als meine Mutter sagte „Vorsicht, da ist etwas passiert!" Vor ihnen stand mitten auf der Straße ein Fahrzeug mit Warnblinkanlage. Mein Vater fuhr langsam hinter das Fahrzeug, blieb dahinter ste-hen und stieg aus. Mutter meinte, wir könnten auch aussteigen um etwas Luft zu schnappen, aber wir sollten nicht auf der Straßenseite aussteigen.

Nicht die frische Luft war es, die mich ins Freie trieb, sondern die Neugierde. Ja, ich war schon als Kind sehr neugierig und wollte immer alles genauestens wissen. Meine Schwester und ich stiegen aus und gingen dorthin, wo sich die Erwachsenen beider Fahrzeuge unterhielten. Ich staunte nicht schlecht, als ich das Auto betrachtete, welches die Warnblinkanlage an hatte. Es war ein orangefarbener Audi mit schwarzem Dach und glich dem unseren wie ein Ei dem anderen. Schnell musste ich das Kennzeichen überprüfen und wie konnte es anders sein? Der Wagen kam aus der gleichen Stadt wie wir. Ich freute mich Innerlich, sagte aber kein Wort. Schnell erklärte uns Mutter, dass der Wagen eine Panne hat und Vater ihn zur nächsten Tankstelle schleppen würde. Sie hängten das Auto mit der Panne an das unsere und alle stiegen in ihre Fahrzeuge.

Mutter und Vater unterhielten sich wie unglaublich das wäre, da ist man fast 1600 Km vom Wohnort entfernt und trifft auf einen „Fast-Nachbarn", der auch noch das gleiche Auto fährt. Das war alles, was sie faszinierte? Nicht ein einziges Wort verloren sie darüber, dass ich sie auf das Auto, schon lange bevor sie es sahen, aufmerksam gemacht hatte. Ich hätte mir so sehr gewünscht, dass sie sich entschuldigen oder wenigstens ein einziges Wort über den Vorfall verlieren würden. Voller Enttäuschung schlief wieder ein.

Eine ähnliche Begebenheit ergab sich zwei Jahre später an einem Ort, an dem ich auch nie zuvor gewesen bin. Wir fuhren gerade in den Skiurlaub und waren fast am Ziel. Plötzlich erzählte ich meinen Eltern von einem Haus in das ich einziehen will, sobald ich groß bin. Es sollte nach wenigen Kilometern auf einem Hang in der Nähe eines Schleppliftes stehen. Ich war damals etwa 7 Jahre alt. Wieder sagte man mir, ich solle aufhören zu spinnen und wieder kam kein einziges Wort über die Lippen meiner Eltern, als wir tatsächlich kurze Zeit später an dem beschriebenen Haus vorbeifuhren.

Von diesem Tag an redete ich nie wieder über solche Visionen und irgendwann verlor ich auch die Fähigkeit, Dinge im Voraus zu sehen, komplett.

Als ich etwa 22 Jahre alt war, war ich auf der Suche nach einem Job in der Gastronomie. Meine Schwester lebte mit ihrem Mann und ihren Sohn in der Nähe des besagten Skigebietes. Eines Abends rief sie mich an und fragte mich, „würdest du auch Arbeit hier bei uns annehmen"? Ohne zu zögern sagte ich „Klar"! Sie erklärte mir, dass ihr Mann nahe seines Geburtsortes (wo ich bis dahin lebte) die Prüfung zum Küchenmeister machen möchte und sie deshalb eine Wohnung brauchten. Sofort war ich mit dem Tausch der Wohnungen einverstanden und sagte somit zu, schon in wenigen Tagen ihre Wohnung im circa 200 Kilometer entfernten Skigebiet zu beziehen. Es war zwar nicht das Haus, das ich meinen Eltern damals beschrieb, aber es stand alleine, außerhalb der Ortschaft am Fuße eines Skiliftes und in der Nähe des Ortes, in dem wir damals Skiurlaub machten.

„Lichtengel"

Acryl auf Leinwand

Nahtoderfahrung

Es war eine der dunkelsten Zeiten in meinem Leben. Tagelang schon quälte mich die Todessehnsucht und meine Gedanken waren kaum mehr zu steuern. Vom Augenaufschlag bis zum zu Bettgehen fragte ich mich, wie es mir gelingen könnte, den Planeten zu verlassen. Wie eine Endlosschleife liefen Bilder vor meinem geistigen Auge ab, in denen mir dieser Versuch misslang. Diese Bilder waren so grausam, dass ich es mir erspare sie hier im Detail wiederzugeben. Tief im Inneren war ich auch davon überzeugt, dass solch ein Versuch nur gelingen würde, wenn die Zeit für einen abgelaufen ist und selbst dann ist es nur der eigene Wille, der diesen Weg wählt.

Ich wollte von diesem freien Willen Gebrauch machen, weil ich die Folgen mehrerer Schicksalsschläge nicht mehr ertragen konnte.

Ich wollte es schmerzfrei und so, dass es unbemerkt für Andere geschieht. So entschied ich mich, einfach mit der Nahrungsaufnahme aufzuhören. Gesagtgetan. Es belastete mich nicht, dass ich über Wochen keine Nahrung zu mir nahm. Ich verlor schnell an Gewicht, wachte jedoch jeden Morgen aufs Neue auf.

Eines Tages bemerkte ich dann erstmals, wie sehr es an meinem Körper zerrte. Ich war sehr geschwächt und konnte mich kaum auf den Beinen halten. Meine ersten Gedanken waren, heute ist es so weit, heute werde ich die Erde verlassen. Irgendwann, kurz nach Mittag merkte ich dann, dass es mir den Boden unter den Füssen wegzog. Ich war damals wegen einer anderen Sache im Krankenhaus. Dort wusste niemand von meinem Vorhaben. Die Angst, die Fachleute würden mich finden und zurückholen, sobald ich umkippte, war groß. So ging ich mit letzter Kraft zum Fahrstuhl, um in den Keller des Gebäudes zu gelangen, damit man mich nicht zu früh findet. Ich spürte gerade noch, wie ich aus dem Aufzug ausstieg und dann wurde alles schwarz um mich herum. Die Bilder, an die ich mich danach erinnere, begannen ganz im Gegenteil zu dem was die meisten Menschen nach einer Nahtoderfahrung sagen. Und doch bin ich mir sicher, dass es genau eine solche Erfahrung war...

Meine Erinnerung

Ich lag in einem offenen Grab. Oben am Grabrand standen viele Gestalten in schwarzen Kutten. Ich konnte ihre Gesichter nicht erkennen und trotzdem wusste ich, dass es Skelette waren. Die Umgebung war dunkel, nass und kalt. Eine dieser Gestalten wies die anderen an, in den Nebenraum zu gehen. Ich spürte, dass sie darüber Tagen wollte, ob ich noch eine letzte Chance bekommen sollte. Obwohl ich sterben wollte (oder schon Tod war?), war ich gespannt, was nun kommen würde. Nach unermesslicher Zeit kamen sie wieder. Alle trugen jetzt weiße Kutten und hatten strahlend freundliche Gesichter. Einer sagte die Worte „letzter Versuch". Auf Kommando hoben sie mich aus dem Grab, trugen mich in den Nebenraum, der heller leuchtet und warm war. Sie legten mich auf eine Trage und alle legten ihre Hände auf meinen Körper. Es durchflutete mich ein Licht in allen Farben des Regenbogens und hauchte Leben und Kraft in meinen leblosen, entkräfteten und ausgekühlten Körper. Sie setzten mich auf und alle, bis auf Drei, verließen den Raum...

Als ich zu mir kam, fand ich mich sitzend in meinem Bett auf der Station wieder. Eine Ärztin und zwei Krankenschwestern standen bei mir und erklärten mir, dass ich völlig unterzuckert zusammengebrochen sei. Die Ärztin reichte mir einen Becher mit einer Zuckerlösung, welche ich schnell trinken sollte. Ich folgte schweigend dem Befehl. Über mein Vorhaben schwieg ich. Lange suchten sie nach dem Grund der

Unterzuckerung und ich musste viele Untersuchungen über mich ergehen lassen. Sie fanden keinen organischen Grund. Ich ließ alles schweigend über mich ergehen, weil ich keine Lust auf eine Rechtfertigung hatte.

Nach diesem Vorfall veränderte sich mein Leben grundlegend. Ich dachte und fühlte anders und sah alles bewusster, als je zuvor. Ich hatte den starken Drang nach völliger Veränderung und ohne großes Zutun erweiterte sich mein Bewusstsein für die wichtigen Dinge im Leben.

Ich hatte plötzlich alle Kraft der Welt, um mein Leben völlig zu verändern und mit viel Lebensfreude zu füllen.

Danke dafür, wer auch immer für diese Kraft verantwortlich ist!

DIE KUNST, DEN ANDEREN SO ZU LASSEN WIE ER IST

Jeder ist sicherlich schon einmal einem launischen Menschen begegnet, der ständig schlecht drauf ist.

Menschen kann man sehr gut mit Pflanzen vergleichen. Zum Beispiel mit einer Rose. Sie ist nach außen schön anzusehen, gut duftend und ist eine Pflanze, in die man sich verlieben kann. Wenn man ihr aber zu nahe kommt, sie berührt, dann kann sie ganz schön verletzend sein und reißt manchmal sogar tiefe, schmerzende und blutende Wunden in die Haut.

Dieser schmerzenden Erfahrung kann man aber auch entgehen, wenn man weiß, wie man eine Rose anfasst, nicht unkontrolliert an ihr herumzerrt und vorsichtig mit ihr umgeht.

Hier greift wieder der freie Wille! Will ich mich an der Rose erfreuen, oder will ich unachtsam mit ihr umgehen und sie so zurechtbiegen, dass sie mir gefällt?

Das Gleiche trifft beim Menschen zu!

Aber sind wir doch mal ganz ehrlich, wer hat nicht schon einmal versucht das Verhalten seines Gegenübers zu ändern, so dass er ihn besser ertragen, oder die Situation besser aushalten kann?

Kein Mensch hat das Recht, den anderen so zu verbiegen, wie er ihn braucht! Und doch tun dies viele

Menschen (wenn auch unbewusst), um ihr eigenes Leben besser zu gestalten.

Wir fangen doch schon bei unseren Kindern an. „Sitz still", „kaue mit geschlossenem Mund" und „mach das Kleid ja nicht schmutzig", sind nur wenige der typischen Sätze, die unsere Kinder schon sehr früh lernen. Gefolgt von „pass auf", „renn nicht auf die Straße" oder „fall nicht runter". Noch schlimmer ist aber der weitbekannte Satz…"fass nicht an den Ofen, der ist heiß"!

Beobachtet einmal was passiert, sobald sie den „Ofenspruch" ausgesprochen haben. Es dauert nicht lange und das Kind schreit, weil es an den Ofen gefasst hat. Warum wohl?
Das Unbewusste ist ein entscheidendes Merkmal unseres Unterbewusstseins, deshalb verkneife ich mir hier die Aussage, dass das Unterbewusste eine Verneinung nicht kennt. Wir wissen nämlich nicht, welche Worte unsere unbewusste Seite kennt und welche nicht. Würden wir es wissen, wäre es nicht mehr unbewusst! Jedoch machte mich die Aussage, dass das Unterbewusstsein keine Verneinung kennt (ich las das mal irgendwo) neugierig und zwang mich dies zu testen. Zahlreiche Versuche brachten mich dann zu dem Glauben, dass dies doch so sein muss!

Ich glaube nämlich nicht, dass Kinder von Geburt an unartig sind und suchte oft eine Erklärung dafür, weshalb Kinder oft das Gegenteil von dem machen, was man ihnen sagt. Zum Beispiel rennen die meisten Kinder auf die Straße, wenn wir gerade sagten „renn nicht auf die Straße!"

Dies kann jeder der ein Kind hat, ganz einfach testen. Aber Vorsicht, den in den meisten Fällen rennt das Kind gleich nach der Aussage auf die Straße. Am besten führt man den Test an einer kaum befahrenen Straße durch.

Versucht man hingegen einem Kind zu sagen, das Kind soll auf dem Gehweg bleiben, weil die Straße gefährlich ist, erlebt man häufig eine Überraschung. Euer Kind ist folgsam, denn es hört statt der Verneinung, von der Gefahr und darauf reagiert fast jeder Mensch mit Angst.

Es gibt Naturstämme, die ihre Kleinkinder schon zum Wasser holen durch gefährliche Wälder und an unwegsame Ufer schicken, ohne ihnen zu sagen, mach dies nicht - mach das nicht. Man klärt sie lediglich darüber auf, welche Gefahren die Natur birgt. Kaum eines der Kinder verunglückt bei dieser täglichen Tätigkeit. Sie wachsen mit der Gefahr, jedoch nicht mit Verneinungen auf.

Jeder Mensch hat das Grundgefühl „Angst" in sich und dieses hilft uns, Gefahrensituationen zu erkennen. Leider ist es in unserer Gesellschaft so, dass wir unseren Kindern dieses Grundgefühl abtrainieren, weil wir nicht wollen, dass unsere Kinder Angst haben. Wir schreien schon im Vorfeld, mach dies nicht, tu das nicht. Damit wollen wir unsere Kinder vor negativen Erfahrungen bewahren.

Aber ist es wirklich negativ, wenn ein Kind hinfällt, weil es zu schnell gelaufen ist? Natürlich soll man nicht zusehen, wie ein Kind in ein Auto rennt. Aber das Stolpern wird das Kind lehren vorsichtiger zu sein. Wenn es das nächste Mal zu schnell rennt, kennt es die Gefahr und weiß auch was passiert, wenn man nicht vorsichtig ist. Es wird von alleine besser aufpassen.

Ich persönlich hatte Eltern, die mir gar nicht vertrauten und die mich kaum Erfahrungen machen ließen. Damit erreichten sie aber genau das Gegenteil von dem, was sie erreichen wollten. Sie machten mich durch diese Befehle neugierig und somit machte ich meine Erfahrungen heimlich und war unvorsichtiger, weil ich zusätzlich noch die Aufgabe hatte, nicht erwischt zu werden! Die Verletzungen waren teilweise wirklich heftig, weil ich durch die Angst erwischt zu werden, doppelt unvorsichtig war.

Mein Tipp, lasst eure Kinder einfach Erfahrungen sammeln, denn so steigert sich der Selbstschutz und das Selbstwertgefühl des Kindes. Was noch hinzukommt, wenn ihr eurem Kind vertraut, wird es auch euch vertrauen!

Ebenso wie das Grundgefühl „Angst" (Selbstschutz), bringt der Mensch Gefühle wie Trauer, Liebe, und Freude und vieles mehr mit auf die Welt. Und diese

116

Gefühle gilt es zu stärken, anstatt sie zu schwächen. Und vor allem sollte man jeden Menschen mit seinen Gefühlen ernst nehmen. Ich nenne euch hier ein Beispiel, weshalb dies so wichtig ist ...

Ich hatte zum Beispiel unheimliche Angst vor meiner Oma. Tausend andere Kinder lieben ihre Omas. Dies war vermutlich auch der Grund, weshalb meine Mutter meinte, ich sei verrückt. Viele Jahre nach dem Tod der Oma bekam ich Briefe zu lesen, in denen meine Oma sich wünscht uns (meine Zwillingsschwester und mich) in der Donau zu ertränken. Obwohl mir das als Kind niemand sagte, konnte ich die Gefahr spüren, die von dieser Person ausging.

Irgendwann hörte ich damit auf, meine Mutter für das „du bist verrückt" zu verurteilen. Denn ich musste erkennen, sie hatte Recht! Ich war tatsächlich verrückt. Durch mein Gefühl (Angst), war ich aus der Norm „eine Oma hat man lieb", ver-rückt"! Ich war in den Selbstschutz gerückt - in die Angst - die mir vermutlich immer genügend Vorsicht abverlangte und mich somit vor dieser Frau schützte.

Jeder hat eine andere Antwort und alle stimmen

Höre auf nach Hilfe zu rufen,
und beginne auf die Stimme in Dir zu hören!
© *by Margit Sonntag*

Wir müssen wissen, dass jeder von uns ein Individuum ist und daher für jeden etwas anderes stimmig ist.

Wenn ich zum Beispiel sage, orange ist die schönste Farbe der Welt, dann stimmt das auch! Aber eben nur für mich. Bei jedem anderen kann es blau, grün, gelb oder auch jede andere Farbe sein. Und jeder hat, egal welche Farbe er in den Satz einfügt, recht. Und zwar für sich! Solche Aussagen werden in unserer Gesellschaft nicht selten zum Streitthema und zerstören Freundschaften, Gruppen und ganze Familien.

Dies trifft auf ganz viele Lebenssituationen zu. Wovor der eine Angst hat, kann dem anderen Freude bereiten. Was für den einen gut ist, kann dem anderen schaden.

Schlimm ist es nur, dass uns diese so wichtige Erkenntnis, meist schon früh in der Kindheit aberzogen wird. Nicht selten üben Erwachsene somit Macht über Kinder aus. Sie wollen damit verhindern, mit ihren eigenen Gefühlen konfrontiert zu werden.

Schon sehr früh bringt man den Kindern bei, „du bist groß und brauchst keine Angst zu haben", oder noch schlimmer, „das tut doch nicht weh, hör auf zu weinen"!

Wer bitte gibt uns das Recht, über ein anderes Wesen zu entscheiden, wann ihm was wehtun darf und wann es was zu fühlen hat?

Irgendwann hat das Kind verinnerlicht, wenn ich nicht weine und keine Angst habe, bin ich groß und gut! Eines Tages allerdings drohen bei solch einem Menschen keine Ängste mehr und er läuft einer Gefahr nach der andern über den Weg und wir besitzen dann noch die Frechheit zu sagen, „ warum passiert es immer ihm?" .

Das Kind ist groß ohne je gewachsen zu sein und die Eltern sind glücklich, weil das Kind ein Indianer ist und keinen Schmerz verspürt. Es funktioniert und ist für die Gesellschaft das Größte, während es innerlich zerbricht!

Viel später sind wir vielleicht sogar verwundert, weil aus dem ach so lieben Nachbarn plötzlich das Monster wird, dem man nie etwas Schlechtes zugetraut hätte oder der Amokläufer, der nicht mehr weiß wohin er die angestaute Wut und den Hass richten soll.

Es gibt aber noch eine Gefahr in der Gesellschaft, die kaum einer wahrnimmt. Da kommt beispielsweise ein Junge oder ein Mädchen immer wieder in die Situation, sexuell Missbraucht zu werden. Dies können Kinder der unterschiedlichsten Gesellschaftsschichten sein. Meist fängt es im Kindesalter an, zieht sich über die Pubertät und das Jugendalter hinaus und nicht selten suchen sie sich dann Partner, die diese Übergriffe fortführen. Sie fühlen keine Schmerzen, kein

Unrecht und lassen alle Schmerzen über sich ergehen, weil sie groß sind und gefallen wollen.

Wenn so ein Mensch dann irgendwann versucht dieser Hölle zu entfliehen, wird er noch getreten. Ein Gericht würde vermutlich zuerst den Grund dafür in der Kleidung oder dem Verhalten des Betroffenen suchen. Er schwieg, also wollte er es. Wenn er nicht eindeutig „nein" sagt, stimmt er dem Ganzen zu. Klarer Fall für eine Schuldzuweisung! Und die Gesellschaft geht davon aus, wenn es einem immer wieder passiert, muss man doch selbst schuld sein!
Keiner kommt aber auf den Gedanken, dass niemand mit seinen Verhaltensmustern auf die Welt kommt und auch nicht jedes Mädchen im Minirock, oder jeder Junge, der mit dem Popo wackelt missbraucht werden will.
Ebenso bin ich der Meinung, dass nicht wackelnde Popos und Miniröcke, die Täter zu Tätern machen. Sondern unter andere angestaute Aggressionen, weil man keine Angst haben muss, und weil man schon groß ist und keine Schmerzen empfinden darf. Folge dieser Verbote können nämlich verschwommene bis gar keine Grenzen mehr sein. Der Mensch verlernt, was richtig und falsch ist, was gut und was böse ist. Dies soll keine Entschuldigung für Sexualdelikte sein, dafür gibt es für mich keine Entschuldigung. Es ist für mich nur eine Begründung, wie Menschen zu Tätern werden. Denn eines ist sicher, sie werden nicht so geboren!

Ich habe einmal auf anraten einer Bekannten einen Test gemacht. Ich wollte wissen, ob ich das, was ich denke/lebe nach außen strahle. Ich fuhr eine Rolltreppe zu einer U-Bahn hinunter und sah von weitem, dass an der Schranke offensichtlich stark angetrunkene Jugendliche fast jeden passierenden Fahrgast anpöbelten, oder gar schubsten. Ich ging in mich und suggerierte mir, ihr könnt mir nichts, ich kann Karate! Dabei visualisierte ich mir das Bild, wie ich einen gespreizten Luftsprung mit Drehung machte und alle Mann schnell und vor allem verdattert auf dem Boden lagen. Mit dieser Energie passierte ich die Schranke und ratet einmal, was passierte? Nichts, gar nichts! Sie sagten keinen Ton zu mir. Ich war, als ich durchgegangen war, ebenso verdattert, wie die noch wenige Momente zuvor in meiner Vision auf dem Boden liegende Trunkenbolde.

So in etwa strahlt der Mensch nach außen dass er sich nicht wehrt, dass er keinen Schmerz verspürt und dass er nicht weint, denn er ist schließlich groß! Von klein auf manipulieren wir so unsere Kinder unbewusst und schicken sie in diese Gefahrenzonen.

Wie wir durch schmerzhafte Erfahrungen lernen

Das unbewusste kennt keine Verneinung
© *by Margit Sonntag*

Erinnern wir uns einmal an den „Ofenspruch". Es gibt noch etwas ganz Elementares, was ein Kind dazu bewegt, an den Ofen zu fassen, wenn die Mama gerade gesagt hat, dass es nicht daran fassen soll, weil er heiß ist.

Ein Kind wird von Natur aus als neugieriges Wesen geboren, denn es will die Welt erkunden. Jetzt hört es das Wort „heiß", was für das Kind zunächst die gleiche Bedeutung hat, wie „kalt" , nämlich keine! Es ist ein Wort mit einer Eigenschaft, die dem Kind etwas sagen soll. Aber was? Wenn es nie die Erfahrung macht, was dieses Wort bedeutet, kann es auch nie verstehen, warum es den Ofen nicht berühren darf. Diese Neugierde kann ein so kleines Wesen, das sehr viel über das Berühren lernt, in große Gefahr bringen. Warum reagieren so viele Eltern, schon fast überhitzt, wenn sie ihr Kind nur in der Nähe eines Ofens sehen? Mit Sicherheit, weil sie selbst die schmerzhafte Erfahrung mit der viel zu heißen Ofenplatte gemacht haben. Sie könnten ja sonst nicht nachempfinden, welchen Schmerz sie ihrem Kind gegenwärtig ersparen wollen. Aber warum wollen wir unseren Kindern vorenthalten, einmal mit dem Schmerz konfrontiert zu werden um daraus zu lernen? Wir können unsere

Kinder nicht ein Leben lang vor schmerzlichen Erfahrungen bewahren, denn die brauchen sie für ihren Weg, ihre Entwicklung und ihren Lernprozess auf Erden. Eine solche Erfahrung bringt neben den Schmerzen auch noch etwas Positives mit sich. Der Mensch lernt so, sinnvoll Grenzen zu stecken und zwar die eigenen und nicht die auferlegten.

Es darf nicht so verstanden werden, dass man zusehen soll, wie ein Kind die Pfanne mit dem heißen Öl vom Ofen zieht. Nein, bitte nicht! Aber einmal langsam ans „heiß fühlen" heran führen ist Ok. Man kann die Hand des Kindes langsam an einen Ofen heran führen. Nicht ganz dran aber ganz nah, um zu spüren, dass es unangenehm wird. An solchen Erfahrungen wachsen Kinder wirklich. Sie werden groß, bekommen gesunde Grenzen und haben ein starkes Selbstwertgefühl.

Die Farben des Lebens

Wer in schwarz-weiß denkt
der wird die Kraft der Farben nie spüren!
© by Margit Sonntag

Ich habe viel in meinem Leben erlebt und gelebt. Wie viele Menschen habe auch ich mich (unbewusst) des Einflusses der Medien und des Materialismus hingegeben und mich davon manipulieren lassen. Egal was ich tat, dass damit verbunden Glück war nie von langer Dauer. Es erfüllte mein Leben nur kurz (wenn überhaupt). Ich machte Reisen, legte mir einen gewissen Luxus zu, ging auf Partys, hatte immer einen Job um mir gewisse Dinge leisten zu können, machte den Führerschein und Bootsführerschein, aber all das war irgendwie nie genug. Nein ich möchte keine dieser Dinge missen, aber es war nicht das, was ich wirklich suchte.

Eines Tages wurde ich arbeitslos und meine letzten Ersparnisse waren aufgebraucht. Zudem ging meine Beziehung noch den Bach runter und ich stand vor dem Trümmerhaufen meines Lebens. Früher hätte ich an dieser Stelle gesagt, das Schicksal hat mich wieder einmal so richtig geohrfeigt, es hat mir alles genommen und wäre im Selbstmitleid baden gegangen.

Diesmal aber war alles so anders. Meine Gedanken und meine Gefühle waren anders, als meine gewohnten Reaktionen.

„Geborgenheit"

Acryl auf Leinwand

Ich sagte mir, ich habe alles verloren und somit ist alles offen für Neues. Das Schicksal hat mich diesmal nicht geohrfeigt, sondern mir das genommen, was ich nicht mehr brauche. Hier muss ich vielleicht noch erwähnen, dass ich die letzten Jahre sehr unglücklich in meiner Beziehung und Job war. Ich suchte nicht selten die Erfüllung im Außen. Ich leistete mir Dinge, die mich zwar erfreuten, aber immer nur für kurze Augenblicke. In jener Zeit bat ich auch oft in der Meditation darum, dass ich Zeichen bekäme, was mich auf Dauer glücklich machen würde. Auf die Zeichen habe ich dann aber nicht wirklich geachtet.

So stand ich plötzlich vor dem Nichts und musste kreativ werden. Ich hatte keinen PC (damals war die Technik noch nicht so weit) und keinen Fernseher, denn ich hatte alles in der Beziehung zurück gelassen, um so schnell wie möglichst dort weg zu kommen. Da ich wie schon gesagt arbeitslos war, war ich finanziell auch sehr knapp gestellt. Also schnell etwas kaufen, was nur von kurzer Dauer sei, war mir nicht gegeben. Der Drang, etwas tun zu wollen/müssen war damals fast aufs unerträgliche angeschwollen. Bücher die ich noch besaß hatte ich schon mehrfach gelesen und auf Jobsuche wollte ich nicht gehen, weil ich mir noch unsicher war, ob ich im richtigen Ort lebe.

So ließ ich meinen schöpferischen Gedanken freien Lauf und bekam irgendwann das Bedürfnis zu schreiben und zu malen. Ich machte viele Notizen, welche ich nach und nach in meinen Büchern verarbeitete. Schnell waren ein paar kostengünstige Farben und Malunterlagen besorgt. Es war, als hätte ich im Lotto gewonnen. Man muss sich mal in die Lage versetzen, in einer Wohnung zu sitzen, kein TV, kein PC, kein Telefon/Handy und nichts zu lesen und keine Freunde in Reichweite, weil ich ja die Stadt gewechselt hatte. Für mich heute eine unvorstellbare Situation.

So habe ich entscheiden, mir die Zeit mit Farben zu verkürzen. Schnell fand ich Spaß an dieser Tätigkeit und merkte auch täglich, wie sich mein Innerstes verändert. Meist legte ich meditative Musik in den CD-Player (zum Glück besaß ich den noch) und malte ohne Ziel und ohne Vorhaben drauf los. Nicht selten kamen ganz interessante Werke dabei heraus. Viele davon konnte ich sogar später für gutes Geld verkaufen und somit neues Material davon kaufen. Der Materialverbrauch wurde wegen der hohen Anfrage immer mehr. Ohne mein bewusstes zutun und ohne Anstrengung wurde meine innere Einstellung immer positiver, ich strahlte mehr Glück nach außen und lernte bedingt dadurch schnell ein paar mir gut gesinnte Menschen kennen. Bald konnte ich mir ein paar Sitzungen bei einer Heilpraktikerin leisten, um mein arg in Mitleidenschaft gezogenes Selbstwertgefühl ein wenig zu stärken. Von dort aus gelangte ich zu einer Meditationsgruppe und lernte viele interessante Menschen kennen.

Ich ging wieder raus, verabredete mich zum Essen, ging auf Feten, oder auf ein Glas Wein am Abend. Doch all diese Unternehmungen waren anders, als früher. Die Gespräche waren nicht mehr oberflächlich, ich konnte an einem Gasthausbesuch länger zehren, als früher, ich war nicht ständig auf der Suche nach etwas Neuem und meine Lebensqualität hat sich enorm gesteigert. Ich wurde ruhiger, fühlte mich nicht mehr innerlich getrieben, obgleich ich viel lebendiger wurde.

Ich habe mir die berufliche Auszeit und die Erholung für Körper und Geist gegönnt und dadurch nur gewonnen. Schnell wurde mir bewusst, dass ich nicht mehr an Wochenenden und Feiertagen arbeiten muss, um viel zu verdienen. Denn zum einen brauchte ich nicht viel Geld, um glücklich zu sein und zum anderen wusste ich meine Freizeit so zu gestalten, dass ich mich auch auf die freie Zeit freute. Zeit für mich und meine Seele. Diese Auszeit erfüllte mich und zeigte mir auch bald sehr deutlich, was ich im Leben und beruflich will und was nicht.

Ich habe einen neuen Beruf erlernt, der mich glücklich macht und mir genügend Zeit für Seelenarbeit lässt.

Seit dieser Zeit male ich mit allen möglichen Materialien, sogar am PC und schreibe sehr viel. Das damit verbundene Glück ist von langer Dauer und bereichert mein Leben enorm.

Zwischenzeitlich besitze ich auch wieder einen Fernseher, aber ich habe weder Angst noch Langeweile, wenn er ausfällt.

Ich habe mich in den vergangenen Jahren viel mit Farben und deren Wirkung befasst und so einiges Interessantes erfahren.

So hat zum Beispiel jeder Mensch ein Energiefeld, in dem sich von Geburt an ein Farbspektrum befindet. Dies ist bei jedem Menschen Unterschiedlich, selbst bei eineiigen Zwillingen ist es nicht gleich. Dieses Farbbild nennt man auch Lebensfarbe.

Welche Farbe zu wem gehört, kann man zu Beispiel an der Kleidung sehen, die ein Mensch trägt. Wirkt er in seiner Kleidung nicht authentisch, sondern eher künstlich, so trägt er eine Farbe, die nicht zu ihm gehört. An sich selbst kann man feststellen, welche Farbe zu einem gehört, indem man darauf achtet, welche Farbe einen eher stärkt und eine Sicherheit verleiht. Schwächt einen eine bestimmte Farbe, so gehört sie eher nicht zu einem.

Auch stimmen die richtigen Farben harmonisch und verleihen eine gewisse Selbstsicherheit. Sie sorgen für innere Ruhe und Gelassenheit.

Farben sind darüber hinaus eine beliebte Therapiemethode, weil sie viel über die Verfassung und Defizite des Menschen preisgeben. Als weiteres kann sie auf den Menschen eine positive Wirkung haben. Allerdings zählt auch hier, zu viel kann schädlich sein. So kann ein wenig rot zum Beispiel die Lebensenergie anheben, während zu viel rot aggressiv machen kann. Oft wählen wir instinktiv die richtige Farbe, um Energiedefizit damit auszugleichen. Es ist egal, ob wir uns per Licht durch Bestrahlung, per Kleidung die wir tragen, durch die Wandfarbe eines Zimmers oder wie auch immer mit dieser Farbe konfrontieren, sie wirkt auf uns meist positiv, wenn wir sie richtig einsetzen.

Anders ist es bei Tieren, die meisten Tiere sind farbenblind. Es ist ein Irrglaube, dass der Stier auf ein rotes Tuch aggressiv reagiert. Er wird nicht wegen der Farbe „Rot" wütend, sondern wegen der heftigen Bewegungen des Tuches, die der Matador bewirkt. Das Tuch könnte jede x-beliebige Farbe haben, sobald es heftig bewegt wird, wird auch der Stier wütend. Die rote Farbe hat man nur gewählt, weil die Tücher am Ende eines Stierkampfes meistens so blutdurchtränkt waren, dass man die Farbe der Tücher an das Blut anpasste.

Beim Menschen hingegen kann die Farbe beim Betrachter viele Stimmungen hervorrufen. Dies liegt nicht zuletzt an den Assoziationen, die beim Menschen mit bestimmten Farben hervorgerufen werden. So verbinden wir zum Beispiel mit kalten Tönen in Blau, Grün, Türkis maritime Bilder, die an Urlaub, Freiheit, Entspannung und Ruhe erinnern. Dagegen kommen wir bei warmen Tönen wie Rot, Gelb und Orange eher in die Stimmung von Wärme, Geborgenheit, Feuer und damit verbundenes Abenteuer.
Dies und vieles mehr lehrte mich eine Reise durch die Farblehre, die mich seit vielen Jahren beschäftigt.

Farben sind Nahrung für die Seele und können das Leben sehr stark verändern!

FARBEN UND IHRE PSYCHOLOGISCHE WIRKUNG

Gelb wirkt belebend, stimmungsfördernd, aufheiternd und öffnend. Gelb fördert das Mentale, die Kommunikation und den Intellekt. Gelb steht für Vernunft und Logik und Gelb forciert das Rationale und die linke Gehirnhälfte.

Orange wirkt belebend, kräftigend und aufheiternd. Orange symbolisiert Leichtigkeit, Kontaktfreudigkeit, Aufgeschlossenheit und Offenheit. Orange steht für Selbstvertrauen und Gesundheit. Orange ist inspirierend und anregend.

Rot wirkt belebend, aktivierend, appetitanregend und stimulierend. Rot steht für Vitalität, Erregung, Stärke und Tatkraft. Rot kann aggressiv machen und verstärkt Interessen. Rot ist die Leidenschaft, die Liebe und der Mut.

Magenta (inkl. Pink und Lila) ist eine Übergangsfarbe zwischen Rot und Violett. Vielfach steht sie für Extravaganz und spezielle Betonungen. Es steht für Idealismus, Transformationen, Engagement, Mitgefühl und Ordnung.

Violett wirkt verinnerlichend, entmutigend, entmaterialisierend und mystifizierend. Violett ist die Farbe der Magie, der Mystik, der Kunst und der geistigen Prozesse. Es strahlt eine gewisse Würde aus und steht für Spiritualität und Grenzbereiche in andere Dimensionen.

Blau ist eine kühle Farbe und wirkt entspannend, erfrischend, kühlend und erweiternd. Blau macht weit und offen und besänftigt zu Ruhe und Frieden. Blau steht für Vertrauen, Ruhe, Pflichtbewusstsein, Inspiration, Sehnsucht und Kreativität.

Cyan (auch Türkis genannt) ist eine Übergangsfarbe zwischen Grün und Blau. Cyan ist eine frische Farbe. Es steht für Kühlheit und Distanz. Cyan vermittelt Klarheit, geistige Offenheit und Freiheit und kann ein Gefühl von Leere vermitteln.

Aquamarin ist auch eine Übergangsfarbe zwischen Grün und Blau. Es wirkt psychologisch interessant in der Aufarbeitung von Schockerlebnissen und harmonisiert bei Stottern, Asthma, Ängsten und mangelndem Selbstvertrauen.

Grün ist die häufigste Farbe der Natur. Grün wirkt beruhigend, ausgleichend und harmonisch. Grün steht für Frieden, Hoffnung und Sicherheit. Grün macht gelassen, aber auch gleichgültig. Grün kann nicht gelebtes Potential im Menschen wecken, kann aber auch für Stagnation stehen.

Braun ist ein warmer Farbton. Braun wirkt beruhigend und stabilisierend. Braun steht für Geborgenheit, Schutz und Stabilität. Braun erdet und strahlt eine gewisse Schwere und Konservativität aus.

Schwarz ist keine Farbe aus dem Farbkreis. Schwarz steht für Stille, Tiefe und Sicherheit. Schwarz wirkt absorbierend und schwer. Schwarz kann verstärken, Kraft betonen und feierlich wirken.

Weiß ist keine Farbe aus dem Farbkreis. Sie steht für Reinheit und Vollkommenheit. Es kann Sauberkeit vermitteln, aber auch für Unschuld und Erhabenheit stehen. Weiß wirkt distanzierend und entemotionalisierend.

Grau ist keine Farbe aus dem Farbkreis. Grau steht für Neutralität, Unauffälligkeit und Kompromissbereitschaft, aber auch für Langeweile und Zurückhaltung. Grau betont in der Kombination die Farbenwirkung der anderen Farbtöne ideal.

*Die Farben können durch den Druck von der Realität abweichen!

EMPFEHLUNG

Ein besonderer Dank geht auch an **Heidi Dahlsen** für die Hilfe beim letzten „Schliff" an meinem Buch.

„Seelenqual mit HappyEnd" von Heidi Dahlsen

Wie ich die Diagnose Krebs überlebt habe, ohne verrückt zu werden. Als würde mir die Diagnose manisch depressiv nicht bereits genug Probleme bereiten ...

...kam nun auch noch Krebs hinzu. Die Zeit schien stillzustehen. Ich ergab mich in mein Schicksal voller Angst. Meine Gedanken kreisten zwischen Resignation und Hoffnung. Vertrauen in die Ärzte, die Liebe meiner Familie sowie ein besonderer Geburtstagsgruß ließen mich nicht verzweifeln, sondern positiv in die Zukunft schauen. Langsam aber stetig ging es bergauf und heute kann ich sagen:

„Meine Seelenqual hat ein HappyEnd gefunden... auch weil ich mich nicht unterkriegen lasse."

Heidi Dahlsen

Link HP http://autorin-heidi-dahlsen.jimdo.com/

ISBN: 978-1499115895/ **Preis:** 6,00 € / Kindle **Edition bei Amazon:** 1,99 €

EMPFEHLUNG

Ein besonderer Dank geht an **James Henry Burson**. Er stellte mir einen Satz zur Verfügung (siehe nach dem Absatz). Er sagte mir, dies sei sein Lebensmotto. Dieser Satz hat mich sehr berührt und zum Nachdenken bewegt.

„Es ist so wie es ist
Es sei denn, man ändert es"

"Ich sag`s nur dir…" - von James Henry Burson Nach einer wahren Begebenheit

Eltern und Familie, kennt er nicht und so beginnt seine Lebensreise, ohne sie. Aber - es gab und gibt - eine kleine Armee...

Es ist nicht so wichtig, woher du kommst. Entscheidend ist - wohin du gehst...

Was macht ein Kind, dem man ständig sagt: "Du landest noch in der Klapse..." Klar - es gehorcht - ist ja schließlich ein braves Kind. Im besten Fall, wird es Psychiater und arbeitet mal dort.

James Henry Burson

ISBN-13: 978-1481823814 / **Preis:** 12,50 € / Kindle **Edition bei Amazon:** 4,99 €

DANKE

Ein Dank geht an alle, die in irgendeiner Form mitgewirkt haben dass ich diese schönen   Erfahrungen machen konnte und sie somit mit Euch teilen kann.

An alle die für das Cover abgestimmt haben

An **Doris Schmoll** für die Hilfestellung bei der Einstellung der Graphik

An **Natalie Strzelec** für die Korrektur und all die Ratschläge zu meinem Text

An **Bettina Wiedig,** die immer ein offenes Ohr für mich hat und mir seit vielen Jahren mit Rat und Tat zur Seite steht. Bettina Wiedig finden sie hier ...
www.das-literaturfenster.de.vu
...eine sehr empfehlenswerte Autorenseite

An alle die dieses Buch lesen und gelesen haben!